KB054035

레전드
영어회화
첫걸음

레전드 영어회화 첫걸음

개정판 1쇄 발행 2021년 3월 30일
초판 1쇄 발행 2017년 12월 20일

지은이 랭귀지북스 콘텐츠개발팀
그림 박정제
편집 이지영
디자인 IndigoBlue
성우 Jane Painter · John Michaels

발행인 조경아
발행처 랭귀지북스
주소 서울시 마포구 포은로2나길 31 벨라비스타 208호
등록번호 101-90-85278 **등록일자** 2008년 7월 10일
전화 02.406.0047 **팩스** 02.406.0042
이메일 languagebooks@hanmail.net
MP3 다운로드 blog.naver.com/languagebook

ISBN 979-11-5635-160-3 (13740)
값 14,000원

머리말

영어는 자신감 있게 말하면 그것이 바로 정답입니다. 원어민과 당당하게 대화하도록 구성한 이 책을 시작하기 전에 아래 세 가지를 꼭 기억하세요!

1일 1시간 영어 공부!

이 책의 가이드에 따라, 하루 1시간 영어 공부를 시작합니다.
한 과를 목표로 하지만, 단계마다 할 수 있는 만큼 하면서 스트레스 없이 따라갑니다. 단, 매일매일 조금씩 꾸준히 해야 한다는 것 잊지 마세요!

한 달 30일 집중 훈련!

하루 1시간씩 30일 동안 자유롭게 영어로 말하고, 듣고, 쓰고, 읽어 봅니다.
오늘 1과를 못 끝내도 다음날은 2과로 넘어가세요! 쉬운 표현들만 있어서 부담 없이 진도를 나갈 수 있습니다.

나만의 리얼 영어 완성!

리얼 영어는 멀리 있지 않습니다. 문법, 발음, 정확한 어휘보다도 내가 하는 영어가 바로 현지 영어라는 자신감이 더 중요합니다. 이 책의 말하기 훈련을 통해, 내 영어가 원어민이 알아듣는 진짜 영어라는 자신감을 키워 갑니다.

한국인의 평생 과제 영어,
〈레전드 영어회화 첫걸음〉으로 쉽고 재미있게 시작하세요!

랭귀지**북**스 콘텐츠개발팀

목차

알파벳과 발음 9

Chapter 1 기초 영어

인사1 UNIT 1 **Hello!** 안녕! 16

인사2 UNIT 2 **How have you been?** 어떻게 지내요? 22

만남 UNIT 3 **How do you do?** 처음 뵙네요. 28

소개 UNIT 4 **What's your name?** 이름이 뭐예요? 34

취미1 UNIT 5 **What's your hobby?** 취미가 뭐예요? 40

취미2 UNIT 6 **Do you like movies?** 영화 좋아해요? 46

취미3 UNIT 7 **I like sports.** 운동을 좋아해요. 52

시간 UNIT 8 **What time is it?** 몇 시예요? 58

날짜 UNIT 9 **What's the date?** 며칠이에요? 64

날씨 UNIT 10 **How's the weather?** 날씨가 어때요? 70

Chapter 2 생활 영어

감사 UNIT 11 **Thank you so much.** 대단히 감사합니다. 78

사과 UNIT 12 **I'm sorry.** 미안합니다. 84

축하 UNIT 13 **Congratulations!** 축하해! 90

격려 UNIT 14 **You can do it!** 넌 할 수 있어! 96

부탁 UNIT 15 **May I ask a favor?** 부탁 좀 할까요? 102

제안1 UNIT 16 **How about you?** 넌 어때? 108

제안2 UNIT 17 **Let's have lunch.** 점심 먹자. 114

제안3 UNIT 18 **When should we meet?** 언제 만날까요? 120

전화1 UNIT 19 **Who's calling, please?** 누구세요? 126

전화2 UNIT 20 **May I speak to Billy?** 빌리 좀 바꿔 줄래요? 132

Chapter 3 여행 영어

비행기 UNIT 21 **How long is this flight?** 140
비행시간이 얼마나 걸려요?

입국심사 UNIT 22 **May I see your passport?** 146
여권 보여주시겠어요?

길 찾기 UNIT 23 **I'm lost.** 152
길을 잃었어요.

숙박 UNIT 24 **Do you have any rooms?** 158
방 있나요?

쇼핑1 UNIT 25 **How much is it?** 164
얼마예요?

쇼핑2 UNIT 26 **Just looking around.** 170
구경 중이에요.

쇼핑3 UNIT 27 **Can I return this?** 176
반품할 수 있어요?

맛집1 UNIT 28 **I'd like to reserve a table.** 182
식당 예약하려고요.

맛집2 UNIT 29 **Would you like to order?** 188
주문하시겠어요?

맛집3 UNIT 30 **I enjoyed my meal.** 194
잘 먹었습니다.

이 책의 활용법

전체 세 부분으로 구성,
알면 쓸모 있는 모든 영어가 여기에 있습니다.

Chapter 1
기초 영어
기본 인사부터
일상 대화까지

Chapter 2
생활 영어
감정 표현부터
전화 영어까지

Chapter 3
여행 영어
비행기 예약부터
음식 주문까지

첫걸음 표현

먼저, 주제별 기본 영어회화를 공부합니다.

한글 문장을 보면서 영어가 자연스럽게 나오는 훈련을 합니다. 그리고 MP3를 들으며 정확한 발음을 익힙니다. 원어민 발음에 가까운 한글 발음 표기가 있어, 더 쉽게 따라할 수 있습니다.

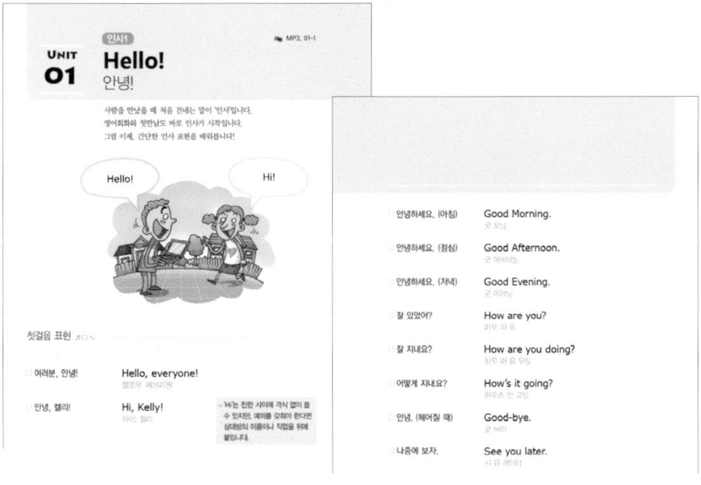
인사1
MP3, 01-1
UNIT 01
Hello!
안녕!

사람을 만났을 때 처음 건네는 말이 '인사'입니다.
영어회화와 첫만남도 바로 인사가 시작입니다.
그럼 이제, 간단한 인사 표현을 배워봅니다!

첫걸음 표현

여러분, 안녕!	Hello, everyone!
안녕, 켈리!	Hi, Kelly!

'Hi'는 친한 사이에 격식 없이 쓸 수 있지만, 예의를 갖춰야 한다면 상대방의 이름이나 직업을 뒤에 붙입니다.

안녕하세요. (아침)	Good Morning.
안녕하세요. (점심)	Good Afternoon.
안녕하세요. (저녁)	Good Evening.
잘 있었어?	How are you?
잘 지내요?	How are you doing?
어떻게 지내요?	How's it going?
안녕. (헤어질 때)	Good-bye.
나중에 보자.	See you later.

네이티브 표현

Step 1 녹음 듣고 따라 읽으며 해석하기
Step 2 한글 뜻 보며 영어로 쓰기

그 다음, 확장 표현을 공부합니다.

Step 1에서 주어진 영어 문장 10개를 읽고, MP3를 듣고 따라하며 해석합니다. 그리고 Step 2에서는 한글 해석을 보며 영어로 작문을 합니다. 이렇게 문장을 '영어 ↔ 한글'로 반복하며 완전한 내 표현으로 만듭니다.

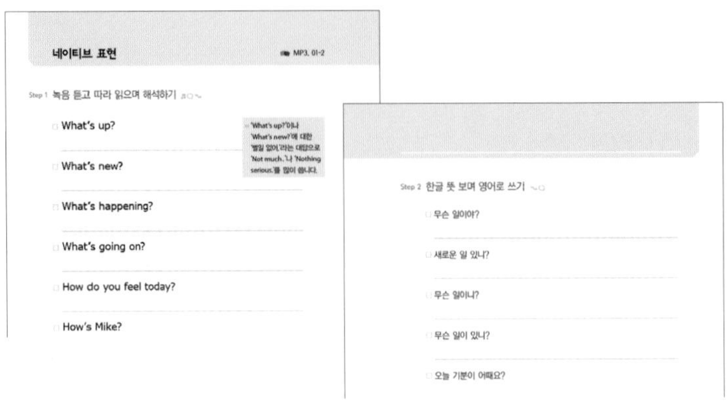
네이티브 표현 MP3, 01-2

Step 1 녹음 듣고 따라 읽으며 해석하기

- What's up?
- What's new?
- What's happening?
- What's going on?
- How do you feel today?
- How's Mike?

'What's up?'이나 'What's new?'에 대한 '별일 없어.'라는 대답으로 'Not much.'나 'Nothing serious.'를 많이 씁니다.

Step 2 한글 뜻 보며 영어로 쓰기

- 무슨 일이야?
- 새로운 일 있니?
- 무슨 일이니?
- 무슨 일이 있니?
- 오늘 기분이 어때요?

영어회화 트레이닝

Step 1 한글 보며 나만의 영어로 말하기
Step 2 녹음 들으며 나만의 영어 확인하기
Step 3 녹음 듣고 소리 내어 따라하기

마지막으로, 나의 실력을 테스트합니다.

Step 1에서 한글 대본을 보며, 주어진 상황을 이해합니다. 그리고 Step 2에서 상황에 맞는 나만의 영어로 말해 봅니다. Step 3에서는 그것과 제공된 영어 대본 및 원어민 MP3를 확인하며 트레이닝합니다.

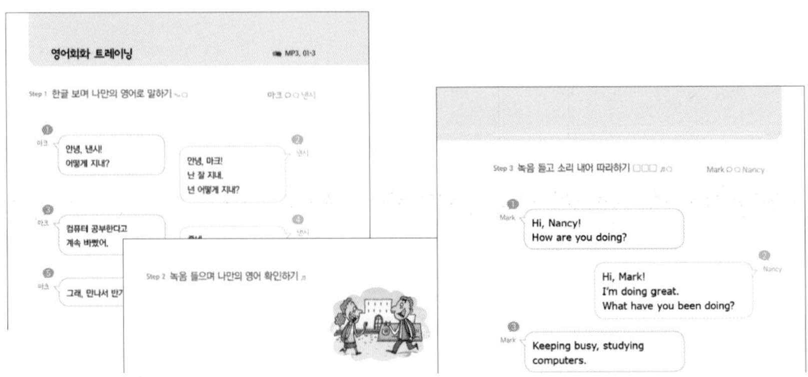
영어회화 트레이닝 MP3, 01-3

Step 1 한글 보며 나만의 영어로 말하기 마크 ○○ 낸시

1 마크: 안녕, 낸시! 어떻게 지내?
2 낸시: 안녕, 마크! 난 잘 지내. 넌 어떻게 지내?
3 마크: 컴퓨터 공부한다고 계속 바빴어.
4 낸시:
5 마크: 그래, 만나서 반가

Step 2 녹음 들으며 나만의 영어 확인하기

Step 3 녹음 듣고 소리 내어 따라하기 □□□ Mark ○○ Nancy

1 Mark: Hi, Nancy! How are you doing?
2 Nancy: Hi, Mark! I'm doing great. What have you been doing?
3 Mark: Keeping busy, studying computers.

알파벳과 발음

영어의 알파벳은 26개입니다. 각각 대문자와 소문자가 있는데, 고유명사의 첫글자나 약자 등은 대문자로 표기하는 것이 일반적입니다. 그리고 알파벳은 우리말의 ㄱ, ㄴ, ㄷ처럼 한 가지 소리를 내는 것이 아니라, 여러 가지로 발음될 수 있기 때문에 각 단어에서 어떤 발음으로 쓰이는지 발음기호를 확인해 볼 필요가 있습니다. 각 알파벳이 내는 대표적인 발음 위주로 알아보겠습니다.

1. 알파벳 Alphabet 앨퍼벳

A / a 에이	B / b 비–	C / c 씨–	D / d 디–
E / e 이–	F / f 에프	G / g 쥐–	H / h 에이취
I / i 아이	J / j 제이	K / k 케이	L / l 엘
M / m 엠	N / n 엔	O / o 오우	P / p 피–
Q / q 큐–	R / r 아알	S / s 에스	T / t 티–
U / u 유–	V / v 비–	W / w 더블유–	X / x 엑스
Y / y 와이	Z / z 지–		

2. 발음

① A / a [에이]

a는 대표적으로 [애]와 [에이] 발음이 납니다.

- [애]　**a**sk [애슥] 질문하다/ **a**rrow [애로우] 화살
- [에이]　f**a**ce [페이(ㅆ)] 얼굴/ r**a**ce [레이(ㅆ)] 경주

tip. 그 밖에 **a**bout의 [어]라는 발음도 있습니다.

② B / b [비–]

b는 단어에서 우리말의 ㅂ[비읍]과 비슷한 발음을 냅니다.

- [브]　**b**a**b**y [베이비] 아기/ **b**ear [베어] 곰

③ C / c [씨–]

c는 단어에서 [크]와 [쓰] 발음을 냅니다. 또 h와 붙은 ch는 [츠] 발음이 납니다.

- [크]　**c**ake [케익] 케이크/ **c**up [컵] 컵
- [쓰]　**c**ity [씨티] 도시/ **c**eiling [씨–링] 천장
- [츠]　**ch**eese [치–(ㅈ)] 치즈/ **ch**air [체어] 의자

④ D / d [디–]

d는 단어에서 우리말의 ㄷ[디귿]과 비슷한 발음입니다.

- [드]　**d**og [더억] 개/ **d**ress [드레(ㅅ)] 드레스

⑤ E / e [이–]

e는 여러 가지 발음이 있지만, 대표적으로 [에]와 [이–]가 있습니다.

- [에]　**e**nergy [에너쥐] 에너지/ **e**ight [에잇] 여덟, 8
- [이–]　sh**ee**p [쉬입] 양/ d**ee**p [디입] 깊은

⑥ F / f [에프]

f는 우리말의 'ㅍ'도 아니고 'ㅎ'도 아닌 우리말에 없는 발음이라 편의상 [프]로 표기합니다. 윗니로 아랫입술을 살짝 물고 바람을 통과시키며 내는 발음입니다.

- [프] **f**rog [프러억] 개구리/ **f**ork [퍼–(ㅋ)] 포크

⑦ G / g [쥐–]

g는 단어에서 [그]와 [즈] 발음을 냅니다.

- [그] **g**ray [그레이] 회색/ **g**arden [가–든] 정원
- [즈] **g**iraffe [저래(ㅍ)] 기린/ **g**entleman [젠틀먼] 신사

⑧ H / h [에이취]

h는 단어에서 우리말의 ㅎ[히읗]과 비슷한 발음입니다.

- [흐] **h**at [햇] 모자/ **h**and [핸(ㄷ)] 손

⑨ I / i [아이]

i가 낼 수 있는 발음은 여러 가지지만, 그중 많이 쓰이는 [이]와 [아이]를 연습합니다.

- [이] **i**mportant [임퍼–턴(ㅌ)] 중요한/ **i**nk [잉(ㅋ)] 잉크
- [아이] dr**i**ve [드라이(ㅂ)] 운전하다/ **i**ce [아이(ㅆ)] 얼음

⑩ J / j [제이]

j는 단어에서 우리말의 ㅈ[지읒]과 비슷한 발음입니다.

- [즈] **j**am [잼] 잼/ **j**ump [점(ㅍ)] 점프

⑪ K / k [케이]

k는 단어에서 우리말의 ㅋ[키읔]과 비슷한 발음입니다. c의 [크] 발음과 같습니다.

- [크] **k**ing [킹] 왕/ **k**ey [키–] 열쇠

tip. knife [나이(ㅍ)]처럼 단어에서 발음 나지 않는 k도 있습니다.

⑫ L / l [엘]

l 은 단어에서 우리말의 ㄹ [리을]과 비슷한 발음입니다.

- [르]　**l**emon [레먼] 레몬/ **l**eg [렉] 다리

⑬ M / m [엠]

m 은 단어에서 우리말의 ㅁ [미음]과 비슷한 발음입니다.

- [므]　**m**oon [무운] 달/ **m**ilk [밀(ㅋ)] 우유

tip. 단어의 처음에 올 때는 [므]의 소릿값을 갖지만, mo**m** [맘]처럼 m이 모음 뒤에 오면 우리말의 받침 ㅁ이 됩니다.

⑭ N / n [엔]

n 은 단어에서 우리말의 ㄴ [니은]과 비슷한 발음입니다.

- [느]　**n**ame [네임] 이름/ **n**ew [누-] 새로운

⑮ O / o [오우]

o 는 다양한 발음으로 활용되는 모음입니다. 대표적인 발음으로 [아], [오우], [어]에 대해 살펴보겠습니다.

- [아]　**o**ctopus [악터퍼(ㅅ)] 문어/ **o**wl [아울] 올빼미
- [오우]　n**o**se [노우(ㅈ)] 코/ t**o**ne [토운] 소리
- [어]　**o**ven [어번] 오븐/ **o**nion [어년] 양파

⑯ P / p [피-]

p 는 단어에서 우리말의 ㅍ [피읖]과 비슷한 발음입니다. f 의 발음과 차이가 있기 때문에 주의해야 합니다. p 는 입을 다물고 있다가 힘 있게 [프]라고 합니다.

- [프]　**p**ot [팟] 냄비/ **p**arty [파-티] 파티

⑰ Q / q [큐-]

q는 단어에서 우리말의 ㅋ[키읔]과 비슷한 음이 나지만, c와 k의 [크]와는 차이가 있습니다. 일반적으로 q 뒤에 u가 오기 때문에 실제적으로는 [크우] 발음에 가깝습니다.

- [쿠이] **q**uiz [쿠이(ㅈ)] 퀴즈/ **q**ueen [쿠이인] 여왕

⑱ R / r [아알]

r은 단어에서 우리말의 ㄹ[리을]과 비슷한 음이지만, l의 발음과 차이가 있습니다. r 발음 역시 우리말로 표기할 수 없는데, 혀를 동그랗게 말아서 혀끝을 입천장에 닿을락말락 한 상태로 만들고 [르]라고 합니다.

- [르] **r**ose [로우(ㅈ)] 장미/ **r**abbit [래빗] 토끼

⑲ S / s [에스]

s는 우리말의 ㅅ[시옷]과 비슷한 발음입니다. 또 h와 붙은 sh는 바람이 새는 소리 같은 [쉬]라고 합니다.

- [스] **s**ki [스키-] 스키/ **s**and [샌(ㄷ)] 모래
- [쉬] **sh**ake [쉐익] 흔들다/ **sh**irt [셔-(ㅌ)] 셔츠

⑳ T / t [티-]

t는 우리말의 ㅌ[티읕]과 비슷한 발음입니다. 또 h와 붙은 th는 혀끝을 이 사이에 물었다가 놓으면서 내는 [쓰]와 [드] 발음을 냅니다.

- [트] **t**oy [터이] 장난감/ **t**iger [타이거] 호랑이
- [쓰] **th**umb [썸] 엄지손가락/ **th**ief [씨-(ㅍ)] 도둑
- [드] **th**at [댓] 저것/ **th**ere [데어] 거기

㉑ U / u [유-]

모음 u는 [어]와 [우-]가 대표적인 발음입니다.

- [어] **u**p [업] 위로/ **u**gly [어글리] 못생긴
- [우-] fr**u**it [프루웃] 과일/ J**u**ne [주운] 6월

㉒ V / v [비-]

v도 우리말로 표기할 수 없는 발음 중 하나입니다. f를 발음하듯이 윗니로 아랫입술을 살짝 물고 떨면서 바람 빼는 소리를 냅니다. 편의상 [브]라고 표기합니다.

· [브] **v**est [베슷] 조끼/ **v**iolin [바이얼린] 바이올린

㉓ W / w [더블유-]

w는 편의상 [우]라고 표기하긴 하지만, [워]에 가까운 발음입니다. [우] 하듯이 입을 내밀고 힘있게 [우어]라고 발음합니다.

· [우] **w**olf [울(ㅍ)] 늑대/ **w**ater [워-터] 물

㉔ X / x [엑스]

x는 대부분 단어의 끝에서 [크(ㅅ)] 소리가 납니다.

· [크(ㅅ)] a**x** [액(ㅅ)] 도끼/ bo**x** [박(ㅅ)] 상자

tip. **x**ylophone [자일러포운]처럼 x의 뒤에 모음이 올 때는 [즈] 발음이 납니다.

㉕ Y / y [와이]

y는 원래 자음으로 분류하지만, 모음의 역할도 하기 때문에 준모음으로 분류하는 경우도 있습니다. [이] 소리 뒤에 약하게 [야] 소리가 있다고 생각하면 이해하기 쉽습니다. 그 외에 [아이], [이] 발음이 납니다.

· [이야] **y**ak [액] 야크/ **y**ellow [옐로우] 노란색

· [아이] fl**y** [플라이] 날다/ cr**y** [크라이] 울다

· [이] happ**y** [해삐] 행복한/ pa**y** [페이] 지불하다

㉖ Z / z [지-]

z는 단어에서 우리말의 ㅈ[지읒]과 비슷한 발음입니다. j와 차이가 있는데, j는 뭉개듯 소리 내고, z는 이와 잇몸을 진동하듯 떨면서 냅니다.

· [즈] **z**oo [주-] 동물원/ **z**ero [지로우] 영, 0

Chapter 1
기초 영어

UNIT
1
Hello!
안녕!

UNIT
2
How have you been?
어떻게 지내요?

UNIT
3
How do you do?
처음 뵙네요.

UNIT
4
What's your name?
이름이 뭐예요?

UNIT
5
What's your hobby?
취미가 뭐예요?

UNIT
6
Do you like movies?
영화 좋아해요?

UNIT
7
I like sports.
운동을 좋아해요.

UNIT
8
What time is it?
몇 시예요?

UNIT
9
What's the date?
며칠이에요?

UNIT
10
How's the weather?
날씨가 어때요?

인사1

MP3. 01-1

UNIT 01 Hello!

안녕!

사람을 만났을 때 처음 건네는 말이 '인사'입니다.
영어회화와 첫만남도 바로 인사가 시작입니다.
그럼 이제, 간단한 인사 표현을 배워봅니다!

첫걸음 표현

□ 여러분, 안녕! **Hello, everyone!**
헬로우, 에브리원

□ 안녕, 켈리! **Hi, Kelly!**
하이, 켈리

» 'Hi'는 친한 사이에 격식 없이 쓸 수 있지만, 예의를 갖춰야 한다면 상대방의 이름이나 직업을 뒤에 붙입니다.

- □ 안녕하세요. (아침) — Good Morning.
  굿 모닝
- □ 안녕하세요. (점심) — Good Afternoon.
  굿 애프터눈
- □ 안녕하세요. (저녁) — Good Evening.
  굿 이브닝
- □ 잘 있었어? — How are you?
  하우 아 유
- □ 잘 지내요? — How are you doing?
  하우 아 유 두잉
- □ 어떻게 지내요? — How's it going?
  하우즈 잇 고잉
- □ 안녕. (헤어질 때) — Good-bye.
  굿 바이
- □ 나중에 보자. — See you later.
  시 유 레이터
- □ 또 만나. — See you around.
  시 유 어라운ㄷ
- □ 몸 조심하고 잘 지내. — Take care.
  테익 캐어
- □ 잘 가. — Take it easy.
  테익 잇 이지

네이티브 표현

MP3. 01-2

Step 1 녹음 듣고 따라 읽으며 해석하기

□ What's up?

>> 'What's up?'이나 'What's new?'에 대한 '별일 없어.'라는 대답으로 'Not much.'나 'Nothing serious.'를 많이 씁니다.

□ What's new?

□ What's happening?

□ What's going on?

□ How do you feel today?

□ How's Mike?

□ Is everything all right?

□ I'll keep in touch.

□ Let's keep in touch.

□ Have a nice day.

Step 2 한글 뜻 보며 영어로 쓰기

□ 무슨 일이야?

□ 새로운 일 있니?

□ 무슨 일이니?

□ 무슨 일이 있니?

□ 오늘 기분이 어때요?

□ 마이크는 잘 지내니?

□ 잘 지내죠?

□ 연락할게.

□ 연락하고 지내자.

□ 좋은 하루 보내요.

영어회화 트레이닝

MP3. 01-3

Step 1 한글 보며 나만의 영어로 말하기

마크 ⟷ 낸시

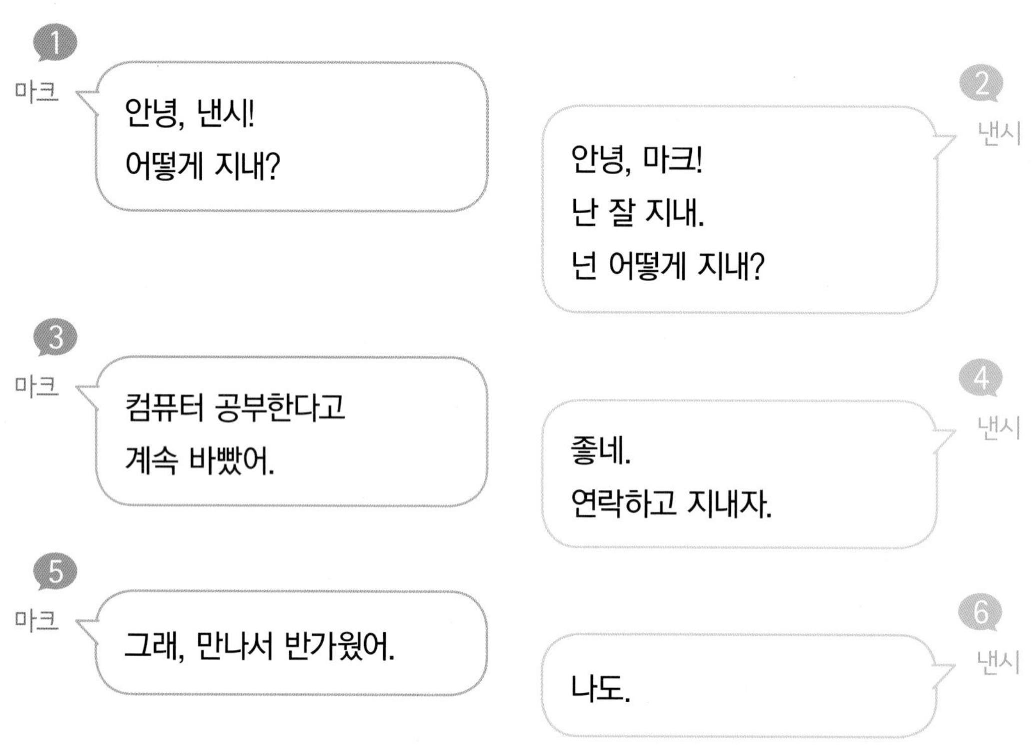

1
마크
안녕, 낸시!
어떻게 지내?
2
낸시
안녕, 마크!
난 잘 지내.
넌 어떻게 지내?
3
마크
컴퓨터 공부한다고
계속 바빴어.
4
낸시
좋네.
연락하고 지내자.
5
마크
그래, 만나서 반가웠어.
6
낸시
나도.

Step 2 녹음 들으며 나만의 영어 확인하기

Step 3 녹음 듣고 소리 내어 따라하기 □□□

Mark / Nancy

1 Mark

Hi, Nancy!
How are you doing?

2 Nancy

Hi, Mark!
I'm doing great.
What have you been doing?

3 Mark

Keeping busy, studying computers.

- keeping busy 계속해서 바쁘다

4 Nancy

Great.
Let's keep in touch.

- keep in touch 계속 연락하고 지내다

5 Mark

Well, I'm very glad to have seen you.

6 Nancy

Me, too.

인사2

MP3. 02-1

UNIT 02 How have you been?

어떻게 지내요?

간단한 인사를 하고 나면, '안부'를 묻게 됩니다.
그러면서 외국인과 대화도 자연스럽게 이어집니다.
그럼, 안부를 묻고 답하는 표현을 익혀봅니다!

첫걸음 표현

□ 어떻게 지냈습니까? How have you been?
하우 해 뷰 빈

□ 당신은 어떠세요? How about you?
하우 어바웃 유

□ 매우 좋아. 너는 어떻게 지내니? Great. And you?
그레잇. 앤 쥬

›› 상대방의 안부를 되묻는 표현으로 'How about you?'나 'And you?'가 있습니다.

□ 좋습니다. I'm fine.
아임 파인

□ 그저 그래. So-so.
소 소

□ 평소와 같아. Same as usual.
새임 애즈 유주얼

□ 별로 안 좋아요. Not too good.
낫 투 굿

□ 정말 안 됐군요. That's too bad.
댓츠 투 배드

□ 오랜만입니다. Long time, no see.
롱 타임, 노 시

□ 오랜만입니다. It's been a long time.
잇ᄎ 빈 어 롱 타임

□ 오랜만입니다, 그렇죠? It's been a while, hasn't it?
잇ᄎ 빈 어 와일, 해즌 팃

□ 다시 만나서 반가워요. It's good to see you again.
잇ᄎ 굿 투 시 유 어겐

□ 다시 만나서 반가워. Nice to see you again.
나이스 투 시 유 어겐

네이티브 표현

MP3. 02-2

Step 1 녹음 듣고 따라 읽으며 해석하기

□ It's been a long time.

□ I haven't seen you for a long time.

□ I haven't seen you for a while.

□ What have you been doing lately?

□ How nice to see you!

□ I'm feeling well.

□ Things are going well.

□ Things couldn't be better.

□ I'm doing well.

□ I have been plugging along.

» plug along
하는 일이 잘되다, 잘 지내다

Step 2 한글 뜻 보며 영어로 쓰기

□ 오랜만이에요.

□ 오랫동안 못 봤네요.

□ 오랫동안 못 봤네요.

□ 요즘 어떻게 지내요?

□ 만나서 정말 반갑다!

□ 좋아요.

□ 좋습니다.

□ 더 없이 좋아.

□ 잘 지내고 있어.

□ 하는 일이 잘되고 있어.

영어회화 트레이닝

MP3. 02-3

Step 1 한글 보며 나만의 영어로 말하기

제인 로빈

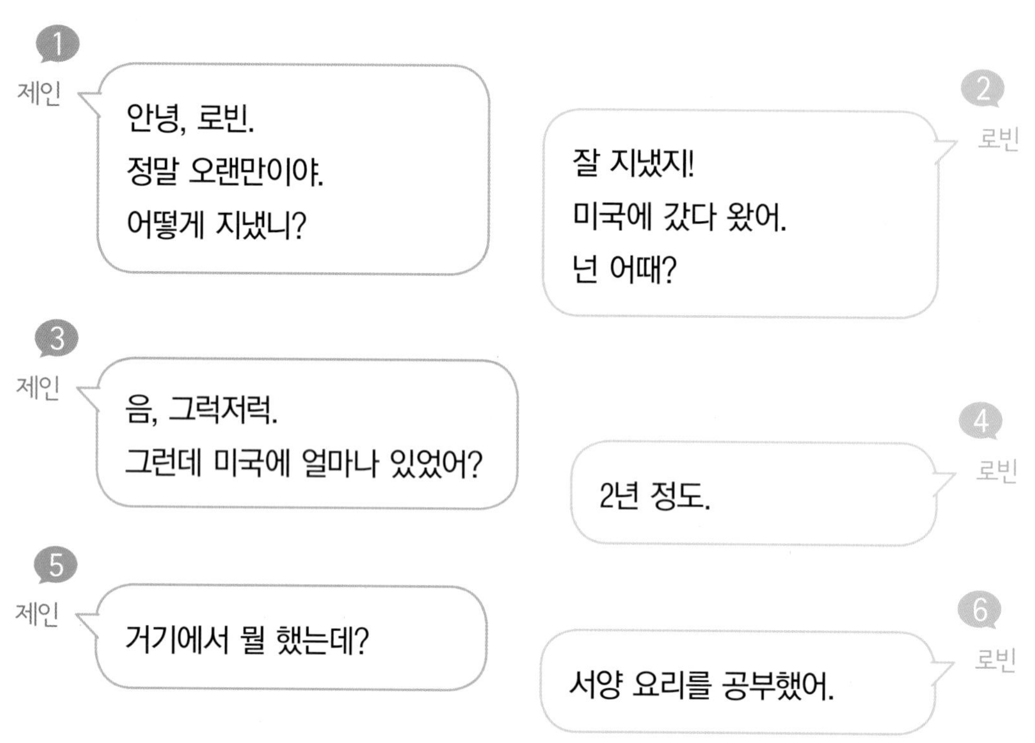

1
제인
안녕, 로빈.
정말 오랜만이야.
어떻게 지냈니?
2
로빈
잘 지냈지!
미국에 갔다 왔어.
넌 어때?
3
제인
음, 그럭저럭.
그런데 미국에 얼마나 있었어?
4
로빈
2년 정도.
5
제인
거기에서 뭘 했는데?
6
로빈
서양 요리를 공부했어.

Step 2 녹음 들으며 나만의 영어 확인하기

Step 3 녹음 듣고 소리 내어 따라하기 □□□ ♬Q Jane ○ Q Robin

1 Jane

Hi, Robin.
I haven't seen you for ages.
How have you been?

2 Robin

Pretty good!
I've been to America.
What about you?

■ pretty good 아주 좋다

3 Jane

Well, about the same.
By the way, how long were you there?

■ about the same 마찬가지이다

4 Robin

Around 2 years, I guess.

■ around 약, 대략

5 Jane

What have you done there?

6 Robin

I have studied the recipe for Western dishes.

■ recipe (음식의) 조리법 ■ dishes 요리

만남

MP3. 03-1

UNIT 03 How do you do?

처음 뵙네요.

처음 만나는 사이에는 어색함이 흐릅니다.
그리고 이를 달래려면 인사가 필요합니다.
그럼, '첫만남'에서 나눌 수 있는 표현을 공부합니다!

첫걸음 표현

□ 처음 뵙겠습니다. **How do you do?**
하우 두 유 두

□ 만나서 반갑습니다. **Nice to meet you.**
나이스 투 밋 유

□ 만나서 반갑습니다. **Nice meeting you.**
나이스 미팅 유

□ 만나서 기쁩니다. Glad to meet you.
글랫 투 밋 유

□ 제 소개를 할까요? May I introduce myself?
메이 아이 인츠러두스 마이셀ㅍ

□ 제 소개를 하겠습니다. Let me introduce myself.
렛 미 인츠러두스 마이셀ㅍ

□ 제 친구 롭 씨를 소개합니다. Let me introduce my friend, Mr. Rob.
렛 미 인츠러두스 마이 프렌드, 미스터 랍

□ 저는 로버트입니다. I'm Robert.
아임 로버트

» 격식 있는 자리에서는 성(family name, last name)이나 이름(first name) 앞에 'Mr.'나 'Ms.'를 붙이는 것이 예의입니다.

□ 이 분은 로버트 씨입니다. This is Mr. Robert.
디스 이즈 미스터 로버트

□ 내 여동생 켈리입니다. This is my sister, Kelly.
디스 이즈 마이 시스터, 켈리

□ 다시 만나길 바라. I hope I'll see you again.
아이 홉 아윌 씨 유 어겐

□ 좋은 친구가 되길 바랍니다. I hope we will become good friends.
아이 홉 위 윌 비컴 굿 프렌ㅈ

네이티브 표현

MP3. 03-2

Step 1 녹음 듣고 따라 읽으며 해석하기

- □ It's a pleasure to know you.

- □ I'm honored to meet you.

>> meet 대신 know를 쓸 수 있습니다. 다만, see는 서로 알고 있는 사이에서 써야 합니다.

- □ I've been looking forward to meeting you.

- □ Have you met each other?

- □ Haven't we met before?

- □ Do you know each other?

- □ I've heard a lot about you.

>> hear(~이 들리다)는 자신의 의사와 상관없이 들리는 경우에 씁니다. 반면, listen (to)는 주의를 기울여 듣는 경우에 씁니다.

- □ We have talked of you often.

- □ I've heard a great deal about you.

- □ I've been wanting to see you for a long time.

Step 2 한글 뜻 보며 영어로 쓰기

□ 알게 되어 기쁩니다.

□ 만나서 영광입니다.

□ 뵙기를 바랬습니다.

□ 전에 서로 만난 적이 있니?

□ 우리 만난 적 있나요?

□ 서로 아는 사이이신가요?

□ 말씀 많이 들었습니다.

□ 우린 종종 당신 이야기를 했었어요.

□ 당신에 대해 말씀 많이 들었습니다.

□ 오래 전부터 뵙고 싶었어요.

영어회화 트레이닝

MP3. 03-3

Step 1 한글 보며 나만의 영어로 말하기

캘리 ◯ 앤 ◯ ◯ 피터

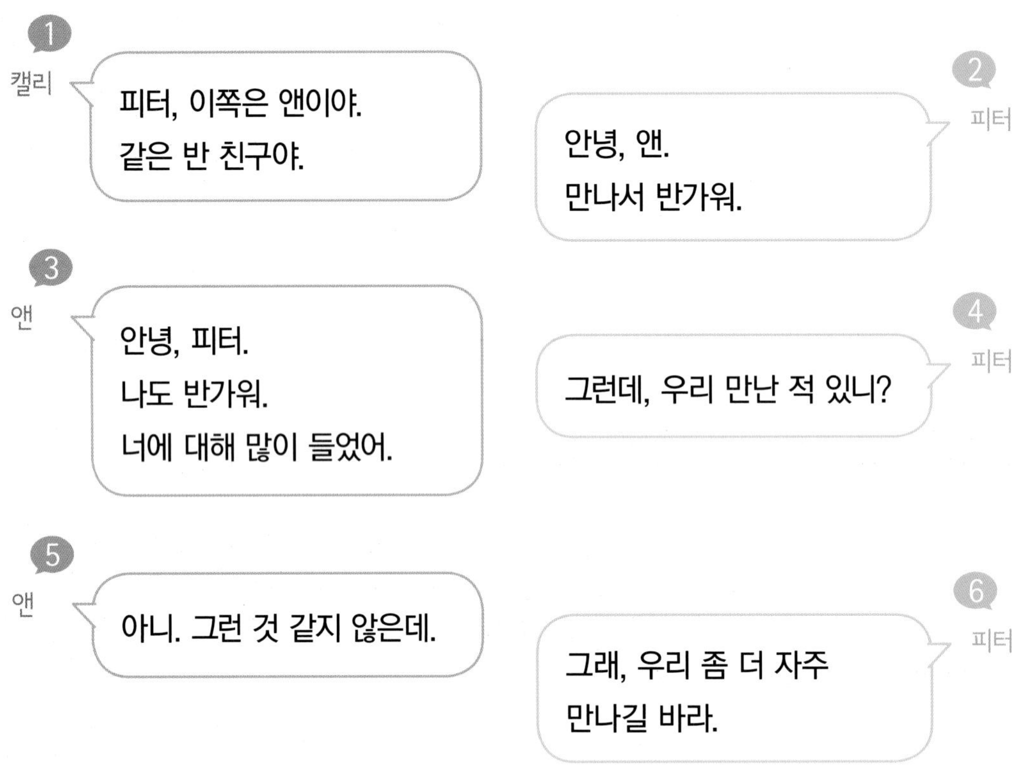

1
캘리
피터, 이쪽은 앤이야. 같은 반 친구야.
2
피터
안녕, 앤. 만나서 반가워.
3
앤
안녕, 피터. 나도 반가워. 너에 대해 많이 들었어.
4
피터
그런데, 우리 만난 적 있니?
5
앤
아니. 그런 것 같지 않은데.
6
피터
그래, 우리 좀 더 자주 만나길 바라.

Step 2 녹음 들으며 나만의 영어 확인하기

Step 3 녹음 듣고 소리 내어 따라하기 □□□ ♬Q Kelly ○ Ann ○ Q Peter

1 Kelly

Peter, this is Ann.
She's my classmate.

■ classmate 반 친구

2 Peter

Hi, Ann.
Nice to meet you.

3 Ann

Hi, Peter.
I'm happy to meet you, too.
I've heard a lot about you.

■ a lot 많이

4 Peter

By the way, haven't we met before?

■ by the way 그런데

5 Ann

No. I don't think so.

6 Peter

So, I hope we'll get together more often.

■ more often 보다 자주

소개

MP3. 04-1

UNIT 04 What's your name? 이름이 뭐예요?

첫만남에 자기 '소개'는 필수입니다.
그리고 상대방의 이름, 나이, 직업 등도 물어봐야 합니다.
그럼, 소개와 관련한 표현을 배워봅니다!

첫걸음 표현

□ 이름이 뭐예요? **What's your name?**
왓 츄어 네임

□ 성함이 어떻게 되시죠? **May I have your name, please?**
메이 아이 해 뷰어 네임, 플리즈

□ 제 이름은 김지우입니다. **My name is Ji-woo Kim.**
마이 네임 이즈 지-우 킴

» 영어식으로 소개할 때 보통 이름 다음에 성을 말하지만, 성을 먼저 말해도 괜찮습니다.

- □ 무슨 일 하세요? — What do you do?
  왓 두 유 두

- □ 회사원입니다. — I'm an office worker.
  아임 언 오피스 워ㄹ커ㄹ

- □ 저는 SJ전자에서 일합니다. — I am working for SJ Electronics.
  아이 엠 워ㄹ킹 포 에스제이 일렉츠로닉ㅅ

- □ 어디 사세요? — Where do you live?
  웨어 두 유 리ㅂ

- □ 몇 살이에요? — How old are you?
  하우 올ㄷ 아 유

- □ 25살입니다. — I'm 25 years old.
  아임 트웬티 파이ㅂ 이어즈 올ㄷ

- □ 결혼 했어요? — Are you married?
  아 유 매리ㄷ

- □ 가족이 몇 명입니까? — How large is your family?
  하우 라쥐 이즈 유어 패밀리

- □ 자녀가 몇 명입니까? — How many children do you have?
  하우 메니 췰드런 두 유 해ㅂ

- □ 나는 우리 집에서 첫째입니다. — I am the oldest child in my family.
  아이 앰 디 올디슷 차일 딘 마이 패밀리

›› 장남 the oldest[eldest] son/ 차남 the second son/
막내 the youngest son/ 외아들 the only son/
입양아 the adopted child

네이티브 표현

MP3. 04-2

Step 1 녹음 듣고 따라 읽으며 해석하기

- [ ] How do I address you?

> » address (호칭이나 경칭을 써서) ~을 …이라고 부르다

- [ ] Please call me In-kuk.

- [ ] I'm sorry, I didn't get your name.

- [ ] Excuse me, but do I know you?

- [ ] You look very familiar.

- [ ] Where are you from?

- [ ] I'm from Seoul.

- [ ] What's your nationality?

> » 대답은 'I'm a Korean. (한국 사람입니다.)'이 아니라 'I'm Korean. (한국 국적입니다.)'라고 합니다.

- [ ] How many family members are there?

- [ ] What is your major?

Step 2 한글 뜻 보며 영어로 쓰기

□ 제가 당신을 어떻게 부를까요?

____

□ 인국이라고 불러 주세요.

____

□ 죄송합니다만, 성함을 잘 못 들었습니다.

____

□ 실례지만, 저를 아시나요?

____

□ 낯이 익네요.

____

□ 고향이 어디예요?

____

□ 서울 출신입니다.

____

□ 국적이 어디입니까?

____

□ 가족이 몇 명입니까?

____

□ 전공이 뭐예요?

____

영어회화 트레이닝

MP3. 04-3

Step 1 한글 보며 나만의 영어로 말하기

테드 소피

1
테드
처음 뵙겠습니다.
제 소개를 할게요.
저는 테드라고 합니다.
2
소피
만나서 반가워요.
저는 소피입니다.
3
테드
어디에서 오셨나요?
4
소피
저는 조지아주에서 왔어요.
전공이 뭐예요?
5
테드
저는 통계학을 공부하고
있어요.
6
소피
졸업 후에 무엇을 할
계획이에요?

Step 2 녹음 들으며 나만의 영어 확인하기

Step 3 녹음 듣고 소리 내어 따라하기 □□□

Ted / Sophie

1 Ted

How do you do?
May I introduce myself?
I'm Ted.

2 Sophie

Pleased to meet you.
I'm Sophie.

3 Ted

Where are you from?

4 Sophie

I'm from Georgia State.
What are you majoring in?

- State 미국의 주 - major 전공하다

5 Ted

I am studying statistics.

- statistics 통계학

6 Sophie

What do you plan to do after graduation?

- plan 계획하다 - graduation 졸업

취미1

MP3. 05-1

UNIT 05 What's your hobby?

취미가 뭐예요?

서로 '취미'를 묻고 답하면 대화가 쉽게 이어집니다.
거기에 관심사가 비슷하면 친해지기도 쉽습니다.
이럴 때 쓸 수 있는, 취미와 관련한 표현을 공부합니다!

What's your hobby?
Listening to music.

첫걸음 표현

□ 취미가 뭐예요? — What's your hobby?
왓ㅊ 유어 하비

□ 취미가 뭐예요? — What kind of hobby do you have?
왓 카인 더ㅂ 하비 두 유 해ㅂ

□ 뭐 좋아하세요? — What do you like to do?
왓 두 유 라익 투 두

□ 여가를 어떻게 보내세요?

What do you do for relaxation?
왓 두 유 두 포 릴렉세이션

» relaxation 휴양, 기분전환

□ 오락거리로 뭐 하세요?

What do you do for enjoyment?
왓 두 유 두 포 인조이먼ㅌ

» enjoyment 기쁨, 유쾌하게 하는 것

□ 어떤 것에 관심이 있어요?

What are you interested in?
왓 아 유 인터레스티 딘

□ 독서를 좋아합니다.

I like to read a book.
아이 라익 투 리ㄷ 어 북

□ TV 시청하는 것을 좋아합니다.

I like watching TV.
아이 라익 워칭 티비

□ 제 취미는 음악 감상입니다.

My hobby is listening to music.
마이 하비 이즈 리스닝 투 뮤직

□ 전 특별한 취미가 없습니다.

I don't have any special hobby.
아이 돈 해 배니 스페셜 하비

□ 저는 주말에 여행을 하면서 보냅니다.

I spend my weekends taking a trip.
아이 스펜ㄷ 마이 윅켄ㅈ 테이킹 어 츠립

□ 당신은 취미가 고상합니다.

You have a good taste.
유 해 버 굿 테이슷

□ 그들은 취미가 서로 다릅니다.

They have different tastes.
데이 해ㅂ 디퍼런ㅌ 테이스ㅊ

네이티브 표현

MP3. 05-2

Step 1 녹음 듣고 따라 읽으며 해석하기

□ What sports do you enjoy most?

□ What hobbies are you interested in?

□ What do you usually do when you're free?

□ What do you enjoy when you have free time?

□ What are you interested in doing these days?

□ How do you usually spend your weekends?

□ How do you spend your leisure time?

» leisure time 여가 시간
= free time
= spare time

□ I'm very interested in sports.

□ I enjoy playing soccer.

□ I usually exercise at a fitness center.

Step 2 한글 뜻 보며 영어로 쓰기

□ 가장 좋아하는 스포츠가 뭐니?

____

□ 어떤 취미에 관심이 있니?

____

□ 시간이 나면 평소에 뭘 하니?

____

□ 시간이 나면 뭘 즐기니?

____

□ 요즘 관심이 있는 건 뭐니?

____

□ 주말을 어떻게 보내세요?

____

□ 여가를 어떻게 보내세요?

____

□ 전 스포츠에 관심이 많아요.

____

□ 전 축구를 좋아합니다.

____

□ 전 평소에 헬스장에서 운동을 해요.

____

영어회화 트레이닝

MP3. 05-3

Step 1 한글 보며 나만의 영어로 말하기

캐시 브라운

1
캐시
여가를 어떻게 보내요?
2
브라운
시를 읽거나 영어 공부를 해요.
3
캐시
우리는 비슷한 취미를 갖고 있군요.
4
브라운
그러게요, 좋아하는 시인이 누구예요?
5
캐시
저는 낭만주의 시인들의 작품을 좋아해요.
6
브라운
맞아요.
그들의 작품은 너무 멋져요!

Step 2 녹음 들으며 나만의 영어 확인하기

Step 3 녹음 듣고 소리 내어 따라하기 □□□

Cathy ⌕ Brown

1 Cathy: What do you do for relaxation?

2 Brown: I either read poems or study English.

▪ either~ or… ~이거나 …인 ▪ poem 시

3 Cathy: We have a similar taste in many aspects.

4 Brown: Well, who is your favorite poet?

▪ poet 시인

5 Cathy: I like to read the works of romantic poets.

▪ work 작품 ▪ romantic 낭만주의의

6 Brown: You said it.
They are so amazing!

▪ amazing 멋진

취미2

MP3. 06-1

UNIT 06 Do you like movies?
영화 좋아해요?

'영화'는 많은 사람들이 보고 즐기는 취미입니다.
상대방과 영화 보자며 약속을 잡기도 좋습니다.
많이 사용하는 영화와 관련한 표현을 익혀봅니다!

첫걸음 표현

□ 영화 좋아하니? Do you like movies?
두 유 라익 무비ㅅ

□ 영화 관람 좋아하니? Do you like to go to the movies?
두 유 라익 투 고 투 더 무비ㅅ

□ 영화 보러 갈래요? Would you like to see a movie?
우 쥬 라익 투 시 어 무비

□ 오늘 저녁에
영화 보러 가자.

Let's go to a movie tonight.
렛ㅊ 고 투 어 무비 투나잇

›› go to a movie
영화 보러 가다
= catch a movie
= watch a movie

□ 그 영화는 얼마 동안
상영하니?

How long will the movie last?
하우 롱 윌 더 무비 래슷

□ 얼마나 자주
영화를 보러 가니?

How often do you go to a movie?
하우 오픈 두 유 고 투 어 무비

□ 한 달에 한 번
영화 보러 가.

I go to a movie once a month.
아이 고 투 어 무비 원스 어 먼ㅆ

□ 나는 거의 영화 보러
가지 않아.

I rarely go to a movie.
아이 래어리 고 투 어 무비

□ 어떤 영화를 좋아하니?

What kind of movies do you like?
왓 카인 더ㅂ 무비ㅅ 두 유 라익

□ 나는 액션 영화를
좋아해.

I like action movies.
아이 라익 액션 무비ㅅ

□ 그 영화 어땠니?

What do you think about the movie?
왓 두 유 씽 커바웃 더 무비

□ 그 영화 정말
환상적이었어.

The movie was really fantastic.
더 무비 워즈 리얼리 팬태스틱

□ 좋아하는 배우가
누구니?

Who is your favorite actor?
후 이즈 유어 페이버릿 액터

›› actor 남자 배우
actress 여자 배우

네이티브 표현

MP3. 06-2

Step 1 녹음 듣고 따라 읽으며 해석하기

□ Do you enjoy watching movies?

» a movie theater [house] 영화관
a theater (뮤지컬이나 연극을 하는) 극장

□ Which do you prefer, action or horror movies?

□ What movie impressed you most?

□ Would you like to go to the movies tonight?

□ Would you like to go with me to see a movie?

□ Why don't you go to a movie?

□ How about going to a movie after class?

□ What movie did you see recently?

□ Do you watch the late movie very often?

□ How many movies do you watch a week?

Step 2 한글 뜻 보며 영어로 쓰기

□ 영화 보는 것 좋아하니?

____

□ 액션 영화와 공포 영화 중 어느 걸 더 좋아해?

____

□ 어떤 영화가 가장 감명 깊었니?

____

□ 오늘 저녁에 영화 보러 갈래?

____

□ 나랑 같이 영화 보러 갈래?

____

□ 영화 보러 갈래?

____

□ 수업 끝나고 영화 보러 갈래?

____

□ 최근에 무슨 영화 봤니?

____

□ 넌 최신 영화를 자주 보니?

____

□ 넌 일주일에 영화를 몇 편 보니?

____

영어회화 트레이닝

MP3. 06-3

Step 1 한글 보며 나만의 영어로 말하기

에이미 레이

1 에이미
안녕, 레이.
퇴근하고 영화 보러 갈래?
2 레이
안 돼, 일이 밀려서.
오늘밤 야근해야 해.
3 에이미
그러면 이번 주말에 어때?
괜찮지?
4 레이
그래, 좋아.
요즘 시내에서 상영하는
괜찮은 영화가 있니?
5 에이미
응, 몇몇 괜찮은 영화들이
상영 중이야.
SF 영화 어때?
6 레이
좋지!
토요일에 전화할게.

Step 2 녹음 들으며 나만의 영어 확인하기

Step 3 녹음 듣고 소리 내어 따라하기 □□□

Amy ⟷ Ray

Amy

Hi, Ray.
How would you like to go to a movie after work?

2 Ray

Sorry, I am behind in my work.
I have to work overtime tonight.

▪ behind in my work 일이 밀려있는 ▪ work overtime 야근하다

3 Amy

Oh, then how about this weekend?
Is that all right?

4 Ray

Yes, that's no problem.
Is there any good movie playing downtown these days?

5 Amy

Yeah, there are some good movies showing there.
How about SF movies?

6 Ray

That's great!
I'll give you a call this Saturday.

취미3

MP3. 07-1

UNIT 07 I like sports.
운동 좋아해요.

여가 시간을 '운동'과 독서'로 보내는 사람들도 많습니다.
그래서 공통의 대화 주제가 되기 쉽습니다.
그럼, 운동과 독서에 대한 유용한 표현을 배워봅니다!

What sports do you play?
I love skiing.

첫걸음 표현

□ 나는 운동을 좋아해요. **I like sports.**
아이 라익 스포ㄹㅊ

□ 어떤 운동을 하세요? **Do you play any sports?**
두 유 플레이 애니 스포ㄹㅊ

>> have[play] a game 운동 경기를 하다
= play a match
= play sports

□ 무슨 운동을 하세요? **What sports do you play?**
왓 스포ㄹㅊ 두 유 플레이

□ 넌 무슨 운동을 좋아하니? **What exercise do you like?**
왓 엑서사이즈 두 유 라익

□ 저는 운동하는 것을 좋아합니다.
I enjoy playing sports.
아이 인조이 플레잉 스포ㄹㅊ

□ 나는 야외 운동을 좋아합니다.
I prefer outdoor sports.
아이 프리퍼 아웃도어 스포ㄹㅊ

□ 나는 골프를 쳐 본 적이 없습니다.
I've never played golf.
아이ㅂ 네버 플레이ㄷ 골ㅍ

□ 어떤 스포츠를 잘하세요?
Are you good at any sports?
아 유 굿 앳 애니 스포ㄹㅊ

□ 나는 운동을 매우 못 합니다.
I'm very poor at sports.
아임 베리 푸어 앳 스포ㄹㅊ

›› poor at ~에 서투르다

□ 어떤 책을 읽고 있니?
What kind of books do you read?
왓 카인 더ㅂ 북ㅅ 두 유 리ㄷ

□ 나는 추리 소설을 읽고 있어.
I read detective stories.
아이 리ㄷ 디텍티ㅂ 스토리ㅈ

□ 좋아하는 작가가 누구니?
Who is your favorite author?
후 이즈 유어 페이버릿 어써

□ 나는 마크 트웨인을 좋아해.
My favorite author is Mark Twain.
마이 페이버릿 어써 이즈 막 트웨인

□ 이 책을 읽어 봤니?
Have you read this book?
해ㅂ 유 레ㄷ 디스 북

□ 나는 지금까지 많은 책을 읽었어.
I've read so many books so far.
아이ㅂ 레ㄷ 소 메니 북 소 파

›› so far 지금까지 (완료형에만 쓰임)

네이티브 표현

MP3. 07-2

Step 1 녹음 듣고 따라 읽으며 해석하기

□ What is your favorite sport?

____

» 의미는 같지만, 'What are your favorite sports?'처럼 sport의 단·복수를 구별해 작문합니다.

□ What kind of exercise do you do?

____

□ Which do you like better, soccer or basketball?

____

□ I like watching sports.

____

□ Which is your favorite book?

____

□ I prefer novels to poetry.

____

» prefer A to B
B 보다 A를 더 좋아하다

□ I like novels better than short stories.

____

□ Who wrote this story?

____

□ What's the current bestseller?

____

□ This book is a must-read.

____

Step 2 한글 뜻 보며 영어로 쓰기

□ 좋아하는 운동은 뭐예요?

□ 주로 무슨 운동을 해요?

□ 축구와 농구 중 어느 것이 더 좋아요?

□ 저는 운동 보는 거를 좋아합니다.

□ 어느 것이 당신이 좋아하는 책입니까?

□ 나는 시보다 소설을 더 좋아해.

□ 나는 단편 소설보다 장편 소설을 좋아해.

□ 이 소설을 누가 썼어요?

□ 가장 잘 팔리는 책이 뭐예요?

□ 이 책은 필독서야.

영어회화 트레이닝

MP3. 07-3

Step 1 한글 보며 나만의 영어로 말하기

바바라 아담

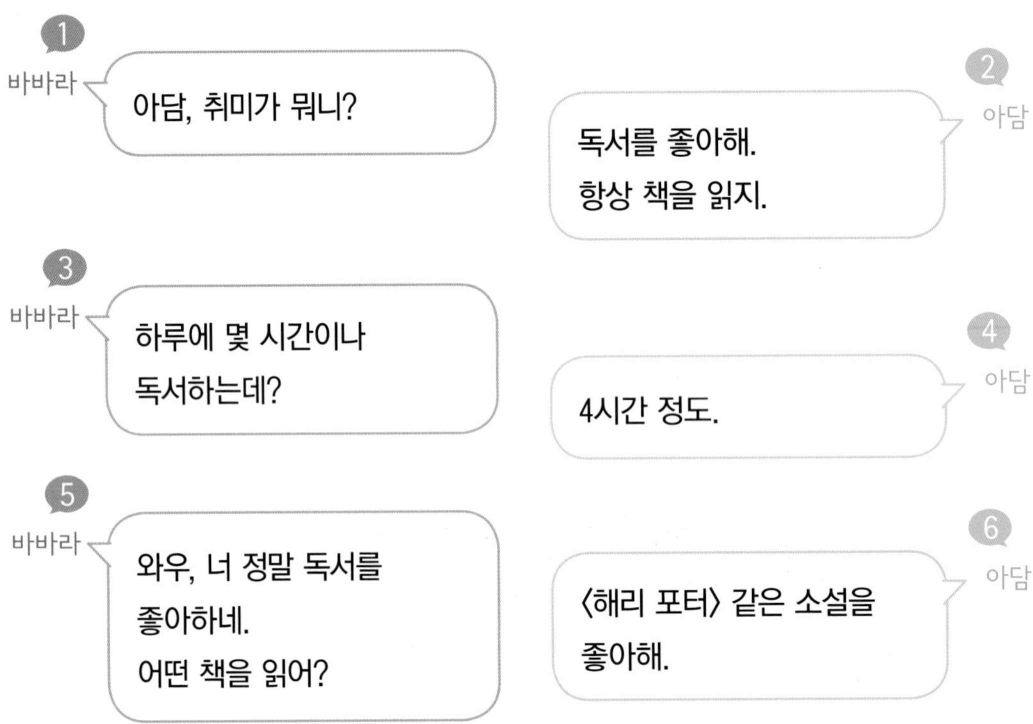

1
바바라
아담, 취미가 뭐니?
2
아담
독서를 좋아해.
항상 책을 읽지.
3
바바라
하루에 몇 시간이나
독서하는데?
4
아담
4시간 정도.
5
바바라
와우, 너 정말 독서를
좋아하네.
어떤 책을 읽어?
6
아담
〈해리 포터〉 같은 소설을
좋아해.

Step 2 녹음 들으며 나만의 영어 확인하기

Step 3 녹음 듣고 소리 내어 따라하기 □□□ ♬Q　　Barbara ⌕ Q Adam

1 Barbara: What's your hobby, Adam?

2 Adam: I love reading.
I read books all the time.

▪ all the time 항상

3 Barbara: How many hours do you read a day?

4 Adam: About 4 hours.

5 Barbara: Wow, you really like reading.
What kind of books do you read?

▪ really 정말로

6 Adam: I like reading novels, such as <Harry Potter>.

시간

MP3. 08-1

UNIT 08 What time is it?
몇 시예요?

하루에도 몇 번씩 '시간'을 확인합니다.
일어나는 순간부터 시간과 함께 하루를 시작합니다.
이렇듯, 일상에서 필요한 시간 표현을 공부합니다!

What time is it?

2 o'clock.

첫걸음 표현

□ 지금 몇 시예요? — What time is it now?
왓 타임 이즈 잇 나우

□ 몇 시예요? — What time do you have?
왓 타임 두 유 해ㅂ

□ 몇 시예요? — What's the time?
왓ㅊ 더 타임

□ 시간 좀 말해 줄래요? Could you tell me the time?
쿠 쥬 텔 미 더 타임

□ 12시 30분입니다. It's twelve thirty.
잇ㅊ 트웰브 써리

□ 12시 30분입니다. It's half past twelve.
잇ㅊ 하ㅍ 패슷 트웰브

» past 시간이 지난

□ 오전 7시입니다. It's 7 o'clock in the morning.
잇ㅊ 세븐 어클락 인 더 모닝

□ 오전 7시입니다. It's 7 a.m.
잇ㅊ 세븐 에이엠

□ 9시 15분입니다. It's quarter past nine.
잇ㅊ 쿠어터 패슷 나인

□ 9시 5분 전입니다. It's five to nine.
잇ㅊ 파이ㅂ 투 나인

□ 9시 5분 전입니다. It's five before nine.
잇ㅊ 파이ㅂ 비포 나인

□ 9시 5분입니다. It's five after nine.
잇ㅊ 파이ㅂ 애프터 나인

□ 벌써 11시가 됐어요. It's already eleven.
잇ㅊ 얼레디 일레븐

□ 11시쯤 됐어요. It's around eleven.
잇ㅊ 어라운ㄷ 일레븐

네이티브 표현

MP3. 08-2

Step 1 녹음 듣고 따라 읽으며 해석하기

□ Do you have the time?

» 'Do you have time?'은 '시간 있으세요?'가 되므로 주의합니다.

□ Do you have time this afternoon?

□ Have you got the time?

□ What time is it by your watch?

» watch 몸에 지니는 휴대용 시계
clock 벽걸이 시계, 탁상 시계

□ Do you have the right time?

□ What time is it now over there?

□ Can you tell me what time it is in LA now?

□ My watch says five past six.

□ It's close to seven thirty.

□ It must be about noon.

Step 2 한글 뜻 보며 영어로 쓰기

□ 지금 몇 시예요?

□ 오후에 시간 있어요?

□ 몇 시입니까?

□ 네 시계로는 지금 몇 시니?

□ 정확한 시간을 아십니까?

□ 지금 거기는 몇 시죠?

□ 지금 LA는 몇 시죠?

□ 제 시계로 6시 5분입니다.

□ 거의 7시 30분이 되어 갑니다.

□ 정오쯤입니다.

영어회화 트레이닝

MP3. 08-3

Step 1 한글 보며 나만의 영어로 말하기

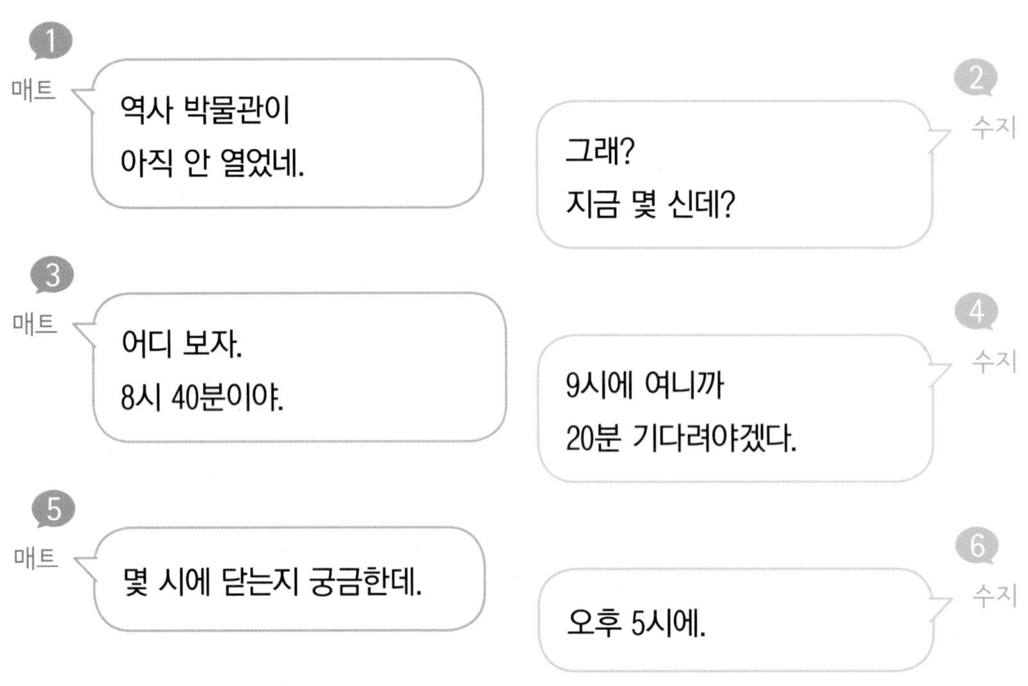

매트 수지
1 매트
역사 박물관이
아직 안 열었네.
2 수지
그래?
지금 몇 신데?
3 매트
어디 보자.
8시 40분이야.
4 수지
9시에 여니까
20분 기다려야겠다.
5 매트
몇 시에 닫는지 궁금한데.
6 수지
오후 5시에.

Step 2 녹음 들으며 나만의 영어 확인하기

Step 3 녹음 듣고 소리 내어 따라하기 □□□

Matt ⟷ Susie

1 Matt: The history museum is not open yet.

2 Susie: Huh?
What time is it now?

- huh (what과 같은 뜻으로) 그래, 뭐라고

3 Matt: Let me see.
It's 8:40.

- let me see 어디 보자

4 Susie: It opens at nine, so we have to wait for 20 minutes.

5 Matt: I wonder what time it closes.

- close 문을 닫다

6 Susie: At 5 in the afternoon.

날짜

MP3. 09-1

UNIT 09 What's the date?

며칠이에요?

오늘이 며칠인지 물어볼 때가 있습니다.
그리고 무슨 요일에 어떤 일을 할지 계획도 짭니다.
이럴 때 필요한, '날짜'와 '요일'에 관한 표현을 익혀봅니다!

첫걸음 표현

□ 오늘이 며칠이니? **What's the date today?**
왓ㅊ 더 데잇 투데이

□ 오늘이 며칠이니? **What's today's date?**
왓ㅊ 투데이ㅅ 데잇

□ 오늘은 몇 월 며칠입니까? **What day of the month is it today?**
왓 데이 어ㅂ 더 먼쓰 이즈 잇 투데이

□ 오늘이 며칠인지 알아? Do you know today's date?
두 유 노 투데이ㅅ 데잇

□ 오늘은 12월 1일입니다. Today is December 1st.
투데이 이즈 디셈버 퍼ㄹ슷

>> 날짜는 서수(순서를 나타내는 수로 the first, the second…)로 표현합니다. 단, 쓸 때는 그냥 숫자만 쓰기도 합니다.

□ 오늘은 6월 13일입니다. It is June 13.
잇 이즈 준 써ㄹ틴쓰

□ 오늘이 무슨 요일이에요? What day is it today?
왓 데이 이즈 잇 투데이

□ 오늘이 무슨 요일이에요? What's today?
왓ㅊ 투데이

□ 오늘이 무슨 요일이에요? What's the day today?
왓ㅊ 더 데이 투데이

□ 오늘이 무슨 요일이에요? What day of the week is it today?
왓 데이 어ㅂ 더 윅 이즈 잇 투데이

□ 오늘은 월요일입니다. It's Monday.
잇ㅊ 먼데이

>> Monday 월/ Tuesday 화/ Wednesday 수/ Thursday 목/ Friday 금/ Saturday 토/ Sunday 일

□ 오늘은 수요일입니다. Today is Wednesday.
투데이 이즈 웬즈데이

□ 오늘은 목요일이고, 28일입니다. It's Thursday, the twenty-eighth.
잇ㅊ 써ㄹ스데이, 더 트웬티 에잇쓰

네이티브 표현

MP3. 09-2

Step 1 녹음 듣고 따라 읽으며 해석하기

□ Which day is best for you?

□ Did you fix the dates?

□ Let's set a date.

□ I haven't set a date yet.

□ There's really no set date.

□ Who determines the date?

>> determine 결정하다, (날짜나 가격 등을) 미리 정하다

□ I'm mixed up on the dates.

□ What is your travel date?

□ What was the date on the papers?

□ Can you finish the work by May?

Step 2 한글 뜻 보며 영어로 쓰기

□ 어느 요일이 가장 괜찮아요?

□ 날짜는 정하셨어요?

□ 날짜를 정합시다.

□ 아직 날짜를 정하지 않았어요.

□ 사실 딱 정해진 날짜는 없어요.

□ 누가 그 날짜를 결정하니?

□ 제가 날짜를 혼동했습니다.

□ 여행 날짜가 언제입니까?

□ 서류 위에 날짜가 언제였습니까?

□ 5월까지 그 일을 끝낼 수 있어요?

영어회화 트레이닝

MP3. 09-3

Step 1 한글 보며 나만의 영어로 말하기

앨리스 사무엘

1
앨리스
안녕, 새뮤얼.
소풍이 언제야?
2
사무엘
내일이야.
3
앨리스
오, 오늘이 무슨 요일이니?
수요일인가?
4
사무엘
아니, 목요일이야.
5
앨리스
그럼, 넌 금요일에 소풍을
가는 구나.
6
사무엘
그래, 맞아.

Step 2 녹음 들으며 나만의 영어 확인하기

Step 3 녹음 듣고 소리 내어 따라하기 □□□

Alice Samuel

1 Alice
Hi, Samuel.
When is your picnic?

2 Samuel
Tomorrow.

3 Alice
Oh, what day is it today?
Is it Wednesday?

4 Samuel
No, it's Thursday.

5 Alice
Then, you are going on
Friday?

6 Samuel
Yes, I am.

날씨

MP3. 10-1

UNIT 10 How's the weather?

날씨가 어때요?

'날씨'는 대화 시작에 꺼낼 수 있는 일상 주제입니다.
가벼운 날씨 이야기로 상대방과 자연스럽게 말을 이어갑니다.
그럼, 날씨와 계절에 관련된 유용한 표현을 배워봅니다!

How's the weather?
It's likely to rain.

첫걸음 표현

□ 오늘 날씨가 어때요? **How's the weather today?**
하우ㅈ 더 웨더 투데이

□ 오늘 날씨가 어때요? **What's the weather like today?**
왓ㅊ 더 웨더 라익 투데이

□ 바깥 날씨는 어때요? **How is it outside?**
하우 이즈 잇 아웃사이드

□ 내일 일기예보는 어때요?

What's tomorrow's forecast?
왓ㅊ 투머로우

□ 오늘은 따뜻해요.

It's warm today.
잇ㅊ 웜 투데이

□ 비가 올 것 같아요.

It's likely to rain.
잇ㅊ 라익리 투 레인

>> 날씨 관련 어휘
fine 맑은/ sunny 화창한/
cloudy 구름 낀/ windy 바람 부는/
rainy 비 오는/ snowy 눈 오는/
warm 따뜻한/ hot 무더운/
cool 서늘한/ cold 추운

□ 엄청 덥네요.

The weather is boiling hot.
더 웨더 이즈 보일링 핫

□ 좋은 날씨네요, 그렇죠?

A nice day today, isn't it?
어 나이스 데이 투데이, 이즌 잇

□ 멋진 날씨군요!

What a beautiful day!
왓 어 뷰디풀 데이

□ 어느 계절을 제일 좋아해요?

Which season do you like best?
위취 시즌 두 유 라익 베슷

□ 어느 계절을 좋아해요?

What is your favorite season?
왓 이즈 유어 페이버릿 시즌

□ 이제 봄이군요, 그렇죠?

It's spring now, isn't it?
잇ㅊ 스프링 나우, 이즌 팃

□ 여름은 덥고 습해요.

Summers are hot and humid.
서머ㅅ 아 핫 앤 휴미드

>> 계절 앞에는 관사를 안 씁니다.

네이티브 표현

MP3. 10-2

Step 1 녹음 듣고 따라 읽으며 해석하기

□ It's really clear and sunny outside.

□ It's getting warm.

□ It looks like it's going to rain.

□ It seems to be overcast today.

□ Terrible weather, isn't it?

□ We'll have rain tomorrow.

□ I hope it stays like this.

□ I hope it will be clear.

□ I'm fed up with this weather.

» fed up with 싫증난

□ We are now in the rainy season.

Step 2 한글 뜻 보며 영어로 쓰기

□ 맑고 화창한 날씨네.

□ 날씨가 따뜻해지고 있어요.

□ 비가 올 것 같아요.

□ 오늘은 날씨가 흐릴 것 같네요.

□ 끔찍한 날씨네요, 그렇죠?

□ 내일 비가 올 것입니다.

□ 이런 날씨가 계속 되면 좋겠네요.

□ 날씨가 개었으면 좋겠네요.

□ 이런 날씨는 지겨워요.

□ 장마철에 접어 들었습니다.

영어회화 트레이닝

MP3. 10-3

Step 1 한글 보며 나만의 영어로 말하기

데이지 ○○ 에드워드

1 데이지 늦어서 죄송합니다.
2 에드워드 무슨 일이 있었어요?
3 데이지 눈이 많이 내려 길이 미끄러웠어요.
4 에드워드 이번은 봐 주겠어요. 다음에는 늦지 마세요.
5 데이지 네. 다신 늦지 않도록 할게요.
6 에드워드 좋아요. 명심하세요.

Step 2 녹음 들으며 나만의 영어 확인하기

Step 3 녹음 듣고 소리 내어 따라하기 □□□ Daisy Edward

1 Daisy

I'm sorry for being late.

■ late 늦은

2 Edward

What happened?

3 Daisy

It snowed so much that
the roads were slippery.

■ road 도로 ■ slippery 미끄러운

4 Edward

I'll overlook it this time.
You should not be late next time.

■ overlook (실수 따위를) 너그럽게 봐 주다

5 Daisy

Yes.
I'll try not to be late again.

6 Edward

Okay.
Keep in mind what I am telling you.

■ keep in mind 마음속에 간직하다

UNIT
11
Thank you so much.
대단히 감사합니다.

UNIT
12
I'm sorry.
미안합니다.

UNIT
13
Congratulations!
축하해!

UNIT
14
You can do it!
넌 할 수 있어!

UNIT
15
May I ask a favor?
부탁 좀 할까요?

Chapter 2
생활 영어

UNIT **16**
How about you?
넌 어때?

UNIT **17**
Let's have lunch.
점심 먹자.

UNIT **18**
When should we meet?
언제 만날까요?

UNIT **19**
Who's calling, please?
누구세요?

UNIT **20**
May I speak to Billy?
빌리 좀 바꿔 줄래요?

감사

MP3. 11-1

UNIT 11 Thank you so much.

대단히 감사합니다.

'감사합니다'라는 말은 들을 때마다 기분이 좋습니다.
그리고 외국 나가서 가장 많이 쓰는 표현입니다.
그럼, 감사 표현과 그에 대한 응답을 공부합니다!

첫걸음 표현

□ 고마워. — Thanks.
쌩ㅅ

□ 대단히 고마워. — Thanks a lot.
쌩ㅅ 어 랏

□ 감사합니다. — Thank you.
쌩 큐

□ 대단히 감사합니다.	Thank you so much. 쌩 큐 소 머취
□ 당신의 친절에 감사합니다.	Thank you for your kindness. 쌩 큐 포 유어 카인ㄷ니스
□ 와 주셔서 대단히 감사합니다.	Thank you very much for coming. 쌩 큐 베리 머취 포 커밍
□ 깊이 감사드립니다.	I appreciate it. 아이 어프리시에이ㅌ 잇
□ 괜찮습니다.	You're welcome. 유어 웰컴
□ 괜찮습니다.	That's all right. 댓 철 라잇
□ 괜찮습니다.	That's okay. 댓 초케이
□ 천만에요.	Don't mention it. 돈 멘션 잇
□ 천만에요.	Not at all. 낫 앳 올
□ 천만의 말씀입니다.	My pleasure. 마이 플레저

네이티브 표현

MP3. 11-2

Step 1 녹음 듣고 따라 읽으며 해석하기

» 'appreciate, grateful, thankful'은 아주 격식을 차린 표현에 사용합니다.

□ I appreciate your kindness.

□ I'm grateful to all of you.

□ I am deeply grateful to you.

□ I am thankful for their help.

□ I would be very thankful for that.

□ I thank you from the bottom of my heart.

□ Tell him I said thanks.

□ That's very nice of him.

□ It's very nice of you to do so.

□ The pleasure is mine.

Step 2 한글 뜻 보며 영어로 쓰기

□ 당신의 친절에 깊이 감사드립니다.

____

□ 감사드립니다.

____

□ 진심으로 감사드립니다.

____

□ 그들의 도움에 감사합니다.

____

□ 그것에 대해 정말 감사합니다.

____

□ 진심으로 감사드립니다.

____

□ 그에게 고맙다고 전해 주십시오.

____

□ 고마운 일이군요.

____

□ 그렇게 해 주시다니 매우 고맙습니다.

____

□ 천만의 말씀입니다.

____

영어회화 트레이닝

MP3. 11-3

Step 1 한글 보며 나만의 영어로 말하기

브래드 오스틴

1
브래드
실례합니다.
오스틴 여사이신가요?
2
오스틴
네, 맞는데요.
우리 만난 적 있나요?
3
브래드
아니요.
저는 당신의 열렬한 팬이에요.
여기서 만나 정말 반갑습니다.
4
오스틴
저도 반갑네요.
5
브래드
당신이 쓴 모든 희곡을
읽었어요.
6
오스틴
정말 고마워요.

Step 2 녹음 들으며 나만의 영어 확인하기

Step 3 녹음 듣고 소리 내어 따라하기 □□□

Brad ⇄ Austin

1 Brad

Excuse me.
Are you Ms. Austin?

2 Austin

Yes, I am.
Have we ever met before?

3 Brad

No. I am a huge fan of yours.
It's nice to meet you here.

■ huge 열렬한

4 Austin

It's my pleasure, too.

5 Brad

I read every play you wrote.

■ play 희곡

6 Austin

Thank you so much.

사과

MP3. 12-1

UNIT 12 I'm sorry.
미안합니다.

'미안합니다'라는 말은 들을 때마다 마음이 무겁습니다.
하지만 자신이 잘못을 했는 때 꼭 써야하는 표현입니다.
그럼, 사과 표현과 그에 대한 응답을 익혀봅니다!

첫걸음 표현

- □ 미안합니다. — I'm sorry.
  아임 소리

> 사과할 때 많이 쓰는 말로 'I'm sorry.'와 'Please.'가 있습니다.

- □ 실례합니다. — Excuse me.
  익스큐즈 미

- □ 죄송합니다. — I beg your pardon.
  아이 벡 유어 파ㄹ든

□ 미안합니다. / 실례합니다.

Pardon me.
파ㄹ든 미

» 끝 억양을 내린 'Pardon.'은 사과의 '죄송합니다.' 나 상대방에 말을 걸 때의 '실례지만'입니다. 반면, 억양을 올리면 말을 알아 듣지 못해 되묻는 '다시 말해 주세요.'란 표현입니다.

□ 저를 용서해 주세요.

Forgive me.
포ㄹ기ㅂ 미

» pardon (죄나 나쁜 짓에 대한 처벌을) 용서
forgive (분노의 감정을 버리고 하는) 용서

□ 늦어서 죄송합니다.

I'm sorry I'm late.
아임 소리 아임 레잇

□ 귀찮게 해서 죄송합니다.

I'm sorry to trouble you.
아임 소리 투 츠러블 유

□ 사과 드립니다.

I apologize to you.
아이 어폴로자이즈 투 유

□ 고의가 아니었어요.

I didn't mean it.
아이 디든 민 잇

□ 다시 기회를 주세요.

Give me a break.
기ㅂ 미 어 브레익

□ 걱정 마세요.

Don't worry about it.
돈 워리 어바웃 잇

□ 신경 쓰지 마.

Never mind.
네버 마인ㄷ

□ 아무렇지 않아.

It doesn't matter.
잇 더즌 매더

네이티브 표현

MP3. 12-2

Step 1 녹음 듣고 따라 읽으며 해석하기

□ Excuse me for a minute.

□ Excuse me for interrupting.

» interrupt (대화나 말하는 도중에) 방해하다

□ I'm sorry for you.

□ I'm sorry about it.

□ I'm sorry for everything.

□ Pardon me for being late.

□ Forgive me if I am wrong.

□ No big deal.

□ It's all my fault.

□ Give me a second chance.

Step 2 한글 뜻 보며 영어로 쓰기

□ 잠시 실례하겠습니다.

____

□ 말씀 도중에 죄송합니다.

____

□ 정말 안 됐습니다.

____

□ 정말 유감입니다.

____

□ 여러 가지로 죄송합니다.

____

□ 늦어서 죄송합니다.

____

□ 잘못이 있다면 용서하세요.

____

□ 별일 아니야.

____

□ 제 잘못입니다.

____

□ 한 번만 더 기회를 주세요.

____

영어회화 트레이닝

MP3. 12-3

Step 1 한글 보며 나만의 영어로 말하기

스티브 앤

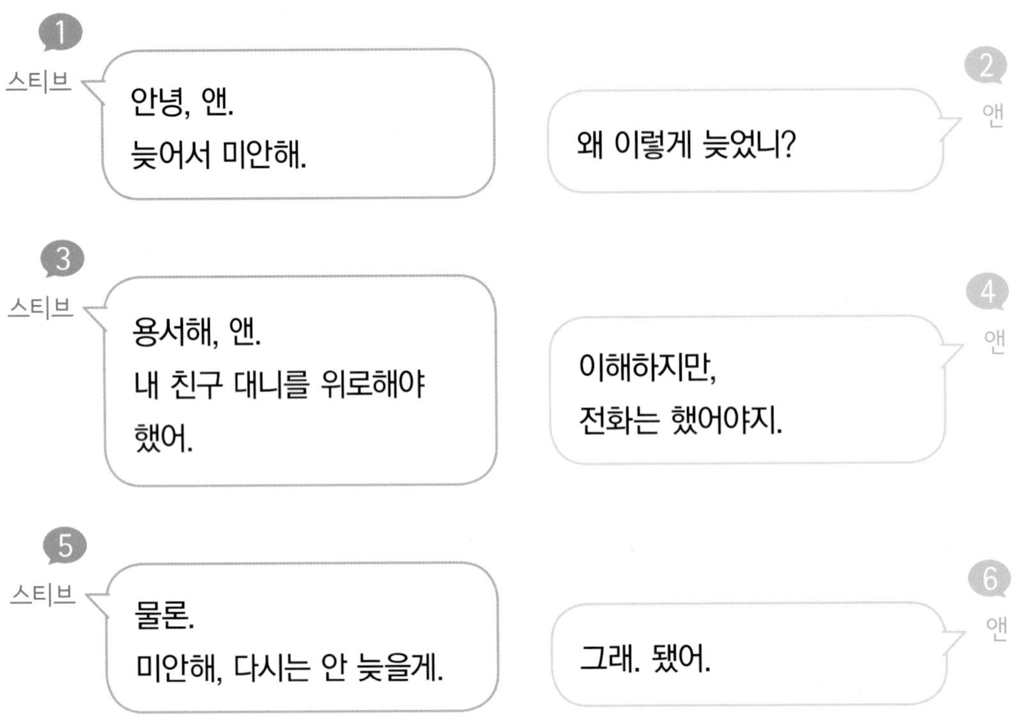

1
스티브
안녕, 앤.
늦어서 미안해.
2
앤
왜 이렇게 늦었니?
3
스티브
용서해, 앤.
내 친구 대니를 위로해야 했어.
4
앤
이해하지만,
전화는 했어야지.
5
스티브
물론.
미안해, 다시는 안 늦을게.
6
앤
그래. 됐어.

Step 2 녹음 들으며 나만의 영어 확인하기

Step 3 녹음 듣고 소리 내어 따라하기 □□□ ♬Q

Steve ○ Q Anne

1 Steve

Hi, Anne.
I'm sorry I'm late.

2 Anne

Why are you so late?

3 Steve

Forgive me, Anne.
I had to comfort my friend, Danny.

■ comfort 위로하다

4 Anne

I understand, but you should have called.

■ understand 이해하다

5 Steve

Of course.
I'm sorry, it won't happen again.

■ happen 일어나다

6 Anne

Okay.
That's all right.

축하

MP3. 13-1

UNIT 13 Congratulations!

축하해!

'축하합니다'라는 말은 서로의 기분을 즐겁게 합니다.
이 표현은 실제로 많이 듣고 쓸 수 있길 바랍니다.
그럼, 축하 인사와 관용 표현을 배워봅니다!

첫걸음 표현

□ 축하해요!

Congratulations!
컨그래추레이션ㅅ

□ 아기 탄생을 축하해요!

Congratulations on your new baby!
컨그레추레이션 손 유어 뉴 베이비

□ 오늘같이 기쁜 날을 축하합니다!

Congrats on this happy day!
컨그랫 촌 디스 해피 데이

» 'Congrats!'는 'Congratulations!'의 구어체입니다.

□ 새해 복 많이 받으세요!
Happy New Year!
해피 뉴 이어

□ 메리 크리스마스!
Merry Christmas!
메리 크리ㅅ마ㅅ

□ 성탄을 축하합니다!
Season's Greetings!
시즌ㅅ 그리팅ㅅ

» 주로 크리스마스 카드에 쓰는 인사말입니다.

□ 생일 축하합니다!
Happy birthday to you!
해피 버ㄹ쓰데이 투 유

□ 결혼 기념일을 축하합니다!
Happy wedding anniversary!
해피 웨딩 애니버서리

□ 좋은 날이 계속 오길!
Many happy returns!
메니 해피 리턴ㅅ

□ 잘했어.
You did a good job.
유 딧 어 굿 잡

» '잘했어!'라는 표현으로 'You did well!', 'Splendid!', 'Well done!', 'Bravo!' 등이 있습니다.

□ 행운을 빌어요!
Good luck to you!
굿 럭 투 유

□ 건배!
Cheers!
취어ㄹ스

□ 당신을 위하여 건배!
Here's to you.
히어ㅅ 투 유

네이티브 표현

MP3. 13-2

Step 1 녹음 듣고 따라 읽으며 해석하기

□ Best wishes for a happy birthday.

□ Best wishes for your success.

□ I offer you my hearty congratulations.

□ Congrats on your new house!

□ I'm here to celebrate the eve.

□ Here's mud in your eye!

□ Here's to your health!

» 여럿이 있을 때보다 둘이 있을 때 쓰는 편이 좋습니다.

□ Bottoms up!

□ Drink up!

□ Let's toast!

Step 2 한글 뜻 보며 영어로 쓰기

□ 즐거운 생일이 되길 바랍니다.

□ 귀하의 번영을 기원합니다.

□ 진심으로 축하드립니다.

□ 새 집으로 이사한 걸 축하해!

□ 전야제를 지내러 왔어요.

□ 당신을 위하여 건배!

□ (건배하며) 건강을 위하여!

□ 건배!

□ 건배!

□ 건배합시다!

영어회화 트레이닝

MP3. 13-3

Step 1 한글 보며 나만의 영어로 말하기

로니 ↔ 린다

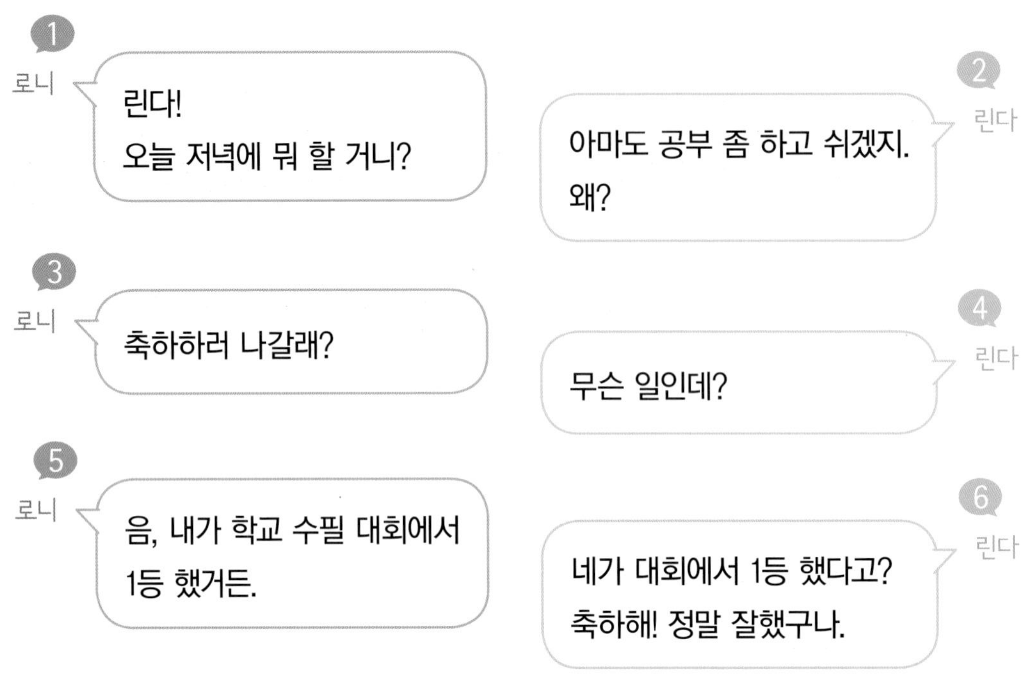

1
로니
린다!
오늘 저녁에 뭐 할 거니?
2
린다
아마도 공부 좀 하고 쉬겠지.
왜?
3
로니
축하하러 나갈래?
4
린다
무슨 일인데?
5
로니
음, 내가 학교 수필 대회에서
1등 했거든.
6
린다
네가 대회에서 1등 했다고?
축하해! 정말 잘했구나.

Step 2 녹음 들으며 나만의 영어 확인하기

Step 3 녹음 듣고 소리 내어 따라하기 □□□

Ronny ⇄ Linda

1 Ronny

Linda! What are you doing this evening?

2 Linda

Maybe study a little and relax. Why?

▪ relax 휴식하다

3 Ronny

What do you think about going out to celebrate?

▪ celebrate 축하하다

4 Linda

What's the occasion?

5 Ronny

Well, I got the first prize in the school essay contest.

▪ get the first prize 1등 하다 ▪ contest 대회

6 Linda

You won the contest? Congratulations! You did a good job.

격려

MP3. 14-1

UNIT 14 You can do it!
넌 할 수 있어!

'힘 내!'라는 말은 지친 상대에게 위로가 됩니다.
이런 따뜻한 말이 필요할 때, 꼭 쓸 수 있길 바랍니다.
그럼, 격려와 위로를 주는 표현을 공부합니다!

첫걸음 표현

□ 넌 할 수 있어! — You can do it!
유 컨 두 잇

□ 힘 내. — Go for it.
고 포 릿

□ 행운을 빕니다! — Good luck!
굿 럭

□ 기운 내! — Cheer up!
치어 럽

□ 기운 내세요! Keep your chin up!
킵 유어 친 업

□ 그렇게 나쁘지 않아. It's not that bad.
잇ㅊ 낫 댓 뱃

□ 힘 내.
한 번 해 봐. Come on. Give it a try.
컴 온. 기 빗 어 ㅊ라이

□ 최선을 다 해 봐! Do your best!
두 유어 베슷

□ 걱정하지 마. Don't worry.
돈 워리

□ 모두 다 잘 될 거야. Everything will be okay.
에브리씽 윌 비 오케이

□ 기운 내라! Pull yourself together!
풀 유어셀ㅍ 투게더

» pull oneself together
냉정을 되찾다, 침착해지다

□ 견뎌 봐요! Hang in there!
행 인 데어

□ 좀 진정하세요! Keep in there!
킵 인 데어

□ 너무 실망하지 마세요. Don't be discouraged.
돈 비 디스커리쥐ㄷ

□ 그냥 잊어버려. Forget about it.
포ㄹ겟 어바웃 잇

네이티브 표현

MP3. 14-2

Step 1 녹음 듣고 따라 읽으며 해석하기

□ I wish you the best of luck.

□ You'll do better next time.

□ Break a leg and do your best.

□ Come on! Your day will come.

□ Don't worry, be happy!

□ It's no big deal.

□ Don't give up!

□ Don't be disappointed.

□ Don't go to pieces.

» go to pieces
자제심을 잃다, 자포자기하다

□ Leave it all behind.

Step 2 한글 뜻 보며 영어로 쓰기

□ 행운을 빌어.

□ 기운 내! 다음번에 더 잘할 거야.

□ 힘을 내고 최선을 다해라.

□ 힘 내! 좋은 날이 올 거야.

□ 걱정 말고 행복하세요!

□ 별일 아닙니다.

□ 포기하지 마세요!

□ 실망하지 마세요.

□ 실망하지 마세요.

□ 다 잊어버리세요.

영어회화 트레이닝

MP3. 14-3

Step 1 한글 보며 나만의 영어로 말하기

에이미 진수

1
에이미
진수, 창백해 보여.
무슨 일이니?
2
진수
영어가 너무 어려워.
3
에이미
영어를 많이 사용해?
4
진수
실제로, 사용하지 않아.
5
에이미
힘 내.
더 자주 사용하면,
실력이 향상될 거야.
6
진수
고마워.
그렇게 해 볼게.

Step 2 녹음 들으며 나만의 영어 확인하기

Step 3 녹음 듣고 소리 내어 따라하기 □□□

Amy ↔ Jin-su

1 Amy: Jin-su, you look pale.
What's wrong?

■ pale 창백한

2 Jin-su: English is so hard for me.

3 Amy: Do you use English a lot?

4 Jin-su: Actually, I don't.

■ actually 실제로

5 Amy: Come on.
If you use it more often,
you will improve.

■ improve 향상하다

6 Jin-su: Thanks.
I'll try.

■ try 시도하다

부탁

MP3. 15-1

UNIT 15 May I ask a favor?

부탁 좀 할까요?

누군가에게 '부탁'을 한다는 건 쉽지 않습니다.
이 때는 상대방의 입장도 생각해 정중히 말해야 합니다.
그럼, 부탁과 도움을 요청하는 표현을 익혀봅니다!

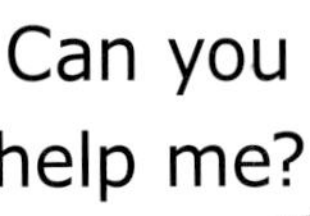
Can you help me?

Of course.

첫걸음 표현

□ 부탁 좀 할까요? **May I ask a favor?**
메이 아이 애슥 커 페이버

» 조동사 'can, will, may'를 사용하여 의문문의 형태로 부탁합니다. 더 정중하게 말할 때는 조동사 'could, would, might'를 씁니다.

» favor 호의, 친절, 지지

□ 부탁 좀 해도 될까요? **Can I ask you to do me a favor?**
캔 아이 애슥 큐 투 두 미 어 페이버

□ 부탁 하나 해도 돼요? **Do me a favor?**
두 미 어 페이버

- □ 도와줄 수 있어요? — Can you help me?
  캔 유 헬 미

- □ 도와 주실래요? — Would you give me a hand?
  우 쥬 기ㅂ 미 어 핸ㄷ

- □ 같이 가실래요? — Will you care to join me?
  윌 유 캐어 투 조인 미

- □ 좀 앉지 그러세요? — Won't you please sit down?
  원 츄 플리즈 싯 다운

- □ 여기에 앉아도 될까요? — Do you mind if I sit here?
  두 유 마인 디 파이 싯 히어

- □ 전화 좀 써도 될까요? — May I use your phone?
  메이 아이 유즈 유어 폰

- □ 죄송하지만, 그럴 수 없네요. — I'm sorry, but I can't.
  아임 소리, 벗 아이 캔ㅌ

- □ 당연하지. — Of course.
  어ㅂ 커ㄹ스

- □ 부탁이 있습니다. — I would like to make a request.
  아이 우ㄷ 라익 투 메익 커 리퀘스ㅌ

- □ 부탁이 있습니다. — I have a favor to ask of you.
  아이 해ㅂ 어 페이버 투 애슥 커ㅂ 유

- □ 물 한 잔만 주세요. — Please give me a cup of water.
  플리즈 기ㅂ 미 어 컵 어ㅂ 워터

네이티브 표현

MP3. 15-2

Step 1 녹음 듣고 따라 읽으며 해석하기

□ Could you drive me home?

____

□ Could you come tomorrow morning?

____

□ Would you show me another thing?

____

□ Would you like some dessert or coffee?

____

□ Won't you be patient, please?

____

» 'Won't you please~?'는 상대방에게 '꼭 부탁합니다'라는 의미가 강합니다.

□ Won't you please just stay here?

____

□ Won't you please come over?

____

» come over (말하는 사람 쪽으로) 오다

□ Help me, won't you please?

____

□ Do you mind if I open the window?

____

□ Do you mind if I join you?

____

Step 2 한글 뜻 보며 영어로 쓰기

□ 집까지 차로 데려다 줄 수 있니?

____

□ 내일 아침에 오실래요?

____

□ 다른 물건을 보여 주실래요?

____

□ 후식이나 커피 마실래요?

____

□ 그저 네가 참아라.

____

□ 여기 잠시 머물러도 될까요?

____

□ 이리 좀 오지 그래.

____

□ 제발 좀 도와 주세요.

____

□ 창문을 열어도 될까요?

____

□ 같이 가도 될까요?

____

영어회화 트레이닝

MP3. 15-3

Step 1 한글 보며 나만의 영어로 말하기

마크 왓슨

1
마크
오늘 밤 파티에 오실 수 있어요?
2
왓슨
물론이죠. 언제죠?
3
마크
7시 30분이에요.
4
왓슨
죄송해요, 7시 30분까지는 힘들겠어요.
5
마크
그럼, 한 시간 늦게 오실 수 있어요?
6
왓슨
예, 8시 30분에 갈게요.

Step 2 녹음 들으며 나만의 영어 확인하기

Step 3 녹음 듣고 소리 내어 따라하기 □□□ ♬ Q Mark ♀ Q Watson

1 Mark
Would you come to the party tonight?

- tonight 오늘 밤

2 Watson
Sure. When?

3 Mark
7:30.

4 Watson
Sorry, I can't make it at 7:30.

5 Mark
Well, could you show up an hour later?

- show up 나타나다

6 Watson
Yes, I'll be there at half past 8.

- past (시간이) 지나서

제안1

MP3. 16-1

UNIT 16 How about you?

넌 어때?

상대방에게 어떤 것을 권할 때가 있습니다.
이 경우, 상황에 따라 적절하게 의견을 표현해야 합니다.
그럼, '제안'과 관련한 다양한 표현을 배워봅니다!

Would you like some coffee?
No, thank you.

첫걸음 표현

□ 넌 어때? How about you?
하우 어바웃 유

□ 오늘 저녁 같이 할까? How about having dinner tonight?
하우 어바웃 해빙 디너 투나잇

□ 갑시다! Let's go!
렛ㅊ 고

□ 좀 기다려 봅시다. Let's wait for a while.
렛ㅊ 웨잇 포 러 와일

›› 'Let us~'는 명령이기 때문에 제안할 때는 'Let's~'로 써야 합니다.

□ 커피 좀 드실래요?

Would you like some coffee?
우 쥬 라익 섬 커피

□ 마실 걸 드릴까요?

Would you care for some drinks?
우 쥬 캐어 포 섬 드링ㅅ

» 'care for'는 부정문이나 의문문에서 '~을 좋아하다, 바라다'의 뜻으로 쓰입니다.

□ 같이 갈래요?

Do you want to come along?
두 유 원 투 컴 어롱

□ 입어 볼래요?

Why don't you try it on?
와이 돈 츄 츠라이 잇 온

» try on (옷이나 신발 등을) 입어 보다, 신어 보다

□ 다시 한 번 해 보세요.

Try it again.
츠라이 잇 어겐

□ 그거 좋겠네요.

That sounds good.
댓 사운ㅈ 굿

□ 좋은 생각이네요.

That's a good idea.
댓 처 굿 아이디어

□ 아니요, 괜찮습니다.

No, thank you.
노, 쌩 큐

□ 감사하지만, 안 되겠네요.

Thank you, but I'd rather not.
쌩 큐, 벗 아이ㄷ 래더 낫

□ 당신의 제안에 전적으로 찬성해요.

I'm all for your proposal.
아임 얼 포 유어 프러포절

네이티브 표현

MP3. 16-2

Step 1 녹음 듣고 따라 읽으며 해석하기

□ Would you care for anything else?

□ Would you care for one more drink?

□ Would you like some bread?

» 'Would you like~?' 다음에 '명사'나 'to+동사'가 옵니다.

□ Would you like to go get some lunch?

□ Do you want to go to a movie?

□ Do you want to walk or ride?

□ Why don't you ask him?

□ Why don't you take a taxi?

□ Let's toss for it.

□ Let's keep in touch.

Step 2 한글 뜻 보며 영어로 쓰기

□ 다른 거 뭐 더 드시겠어요?

□ 한 잔 더 할래요?

□ 빵 좀 드실래요?

□ 점심 먹으러 갈래요?

□ 영화 보러 갈래?

□ 걸어 갈래요 차 타고 갈래요?

□ 그에게 물어 보는 게 어때?

□ 택시를 타는 건 어때요?

□ 동전을 던져서 정하자.

□ 서로 연락하자.

영어회화 트레이닝

MP3. 16-3

Step 1 한글 보며 나만의 영어로 말하기

카렌 ○ ○ 조지

1
카렌
후식 드시겠어요?
2
조지
아니요, 괜찮아요.
계산서 좀 주실래요?
3
카렌
네, 식사는 괜찮았나요?
4
조지
대부분은요.
그런데 설탕을 요청했는데,
갖다 주는 걸 잊으셨네요.
5
카렌
제가요? 죄송합니다.
다음엔, 잊지 않겠습니다.
다른 것은 괜찮으셨나요?
6
조지
네, 그런 것 같아요.

Step 2 녹음 들으며 나만의 영어 확인하기

Step 3 녹음 듣고 소리 내어 따라하기 □□□

Karen George

1 Karen
Would you care for some dessert?

2 George
No, thank you.
May I have the bill, please?

- bill 계산서

3 Karen
Of course.
Did you enjoy your meal?

- meal 식사

4 George
For the most part.
I asked for sugar, but you forgot to bring it.

- for the most part 대부분

5 Karen
Did I? I am sorry. Next time, I won't forget anything.
Was everything else okay?

6 George
Yes, I guess so.

제안2

MP3. 17-1

UNIT 17 Let's have lunch.
점심 먹자.

'초대' 제안을 하거나 받는다는 건 설레는 일입니다.
하지만 때로는 원하지 않는 초대를 받는 경우도 있습니다.
이럴 때 필요한, 초대와 관련한 상황 표현을 공부합니다!

첫걸음 표현

□ 점심 식사 같이 하자. Let's have lunch together.
렛ㅊ 해ㅂ 런취 투게더 투데이

□ 점심 식사 하시겠어요? Would you like to have lunch?
우 쥬 라익 투 해ㅂ 런취 윗 미

□ 오실래요? Why don't you come over?
와이 돈 츄 컴 오버

□ 저녁 먹으러 밖에 나갈까요? Why don't you go out for dinner?
와이 돈 츄 고 아웃 포 디너

□ 저희 집에 저녁 먹으러 오실래요?

How about coming to my home for dinner?
하우 어바웃 커밍 투 마이 홈 포 디너

□ 저희 집에 저녁 먹으러 오실래요?

Could you come over to my house for dinner?
쿠 쥬 컴 오버 투 마이 하우스 포 디너

□ 그래, 좋아.

Yes, I'd like to.
예스, 아이ㄷ 라익 투

□ 물론이죠.

Sure.
슈어

□ 물론이죠.

Of course.
어ㅂ 커ㄹ스

□ 좋지!

All right!
얼 라잇

□ 좋지!

Why not?
와이 낫

» 'Why not?'은 상대방의 제안에 '좋지.', '그러지.'로 동의할 때 사용합니다.

□ 생각 좀 해 볼게.

Let me think about it.
렛 미 씽 커바웃 잇

□ 미안하지만, 안 될 것 같아.

I'm sorry, but I can't.
아임 소리, 벗 아이 캔

□ 안 돼!

No way!
노 웨이

» 직설적인 'No way.'보다는 'I'm sorry, but I can't.' 같은 우회적 표현이 좋습니다.

네이티브 표현

MP3. 17-2

Step 1 녹음 듣고 따라 읽으며 해석하기

> 정중하게 표현할 때 'Would you ~?', 'Could you ~?'를 사용하고, 뒤에 please를 붙이면 더 공손해집니다.

□ Could you please come to my party?

□ Why don't you eat dinner with us?

□ Why don't you let me treat you to lunch?

□ How about having dinner together?

□ Thanks, but I don't think I can.

□ I'm afraid I can't.

□ Can you make it some other time?

□ Did you enjoy your dinner?

□ Thanks for inviting me.

□ We had a great time.

Step 2 한글 뜻 보며 영어로 쓰기

□ 파티에 오시겠습니까?

□ 우리와 함께 저녁 식사하지 않을래?

□ 제가 점심을 대접해도 될까요?

□ 함께 저녁할래요?

□ 감사합니다만, 그럴 수 없을 것 같네요.

□ 할 수 없을 것 같아요.

□ 나중에 약속할 수 있나요?

□ 저녁 식사 즐거우셨나요?

□ 초대해 주셔서 감사합니다.

□ 좋은 시간을 보냈어요.

영어회화 트레이닝

MP3. 17-3

Step 1 한글 보며 나만의 영어로 말하기

짐 페이지

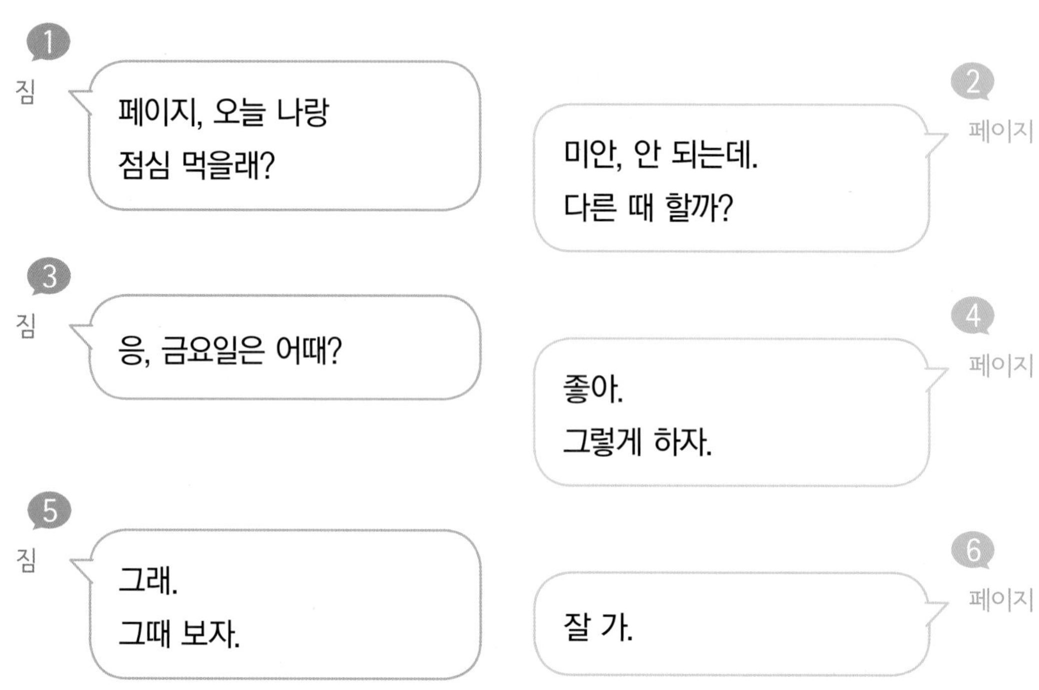

1
짐
페이지, 오늘 나랑
점심 먹을래?
2
페이지
미안, 안 되는데.
다른 때 할까?
3
짐
응, 금요일은 어때?
4
페이지
좋아.
그렇게 하자.
5
짐
그래.
그때 보자.
6
페이지
잘 가.

Step 2 녹음 들으며 나만의 영어 확인하기

Step 3 녹음 듣고 소리 내어 따라하기 □□□

Jim Paige

1 Jim

Would you like to have lunch with me today, Paige?

2 Paige

I'm sorry, I can't.
Can you make it some other time?

3 Jim

Well, how about Friday?

4 Paige

Sounds good to me.
I'll plan on it.

- plan on 할 예정이다, 기대하다

5 Jim

Fine.
See you then.

6 Paige

Bye-bye.

제안3

MP3. 18-1

UNIT 18 When should we meet? 언제 만날까요?

갑작스러운 방문은 상대를 당황하게 합니다.
약속 시간과 장소를 미리 정하고 가는 것이 매너입니다.
그럼, '약속'을 제안하는 기본적인 표현을 익혀봅니다!

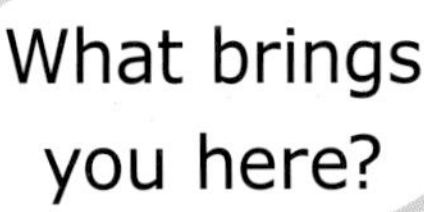

첫걸음 표현

□ 언제 만날까요?

When should we meet?
웬 슈ㄷ 위 밋

□ 약속을 몇 시로 정할까요?

What time should we make it?
왓 타임 슈ㄷ 위 메익 잇

» make it 만나기로 하다(구어체), 제대로 수행하다

□ 오늘 밤에 다른 계획이 있어요?

Do you have any plans tonight?
두 유 해 배니 플랜ㅅ 투나잇

□ 3시에 만나는 건 어때요?

How about meeting me at 3 o'clock?
하우 어바웃 미팅 미 앳 쓰리 어클락

›› 'o'clock'은 'of the clock'의 줄임말로 '시각'입니다. 보통 '몇 시 몇 분'을 말할 때는 생략합니다.

□ 어떻게 오셨나요?

What brings you here?
왓 브링 슈 히어

□ 스미스 박사님과 약속이 있습니다.

I made an appointment with Dr. Smith.
아이 메잇 언 어포인ㅌ먼ㅌ 윗 닥터 스미스

›› make an appointment (시간·장소를 정한) 약속을 하다
make a promise, make an engagement (일반적인) 약속을 하다

□ 스미스 박사님과 약속할 수 있을까요?

Can I make an appointment with Dr. Smith?
캔 아이 메익 언 어포인ㅌ먼ㅌ 윗 닥터 스미스

□ 오후 3시로 정합시다.

Let's make it at 3 p.m.
렛ㅊ 메익 잇 앳 쓰리 피엠

□ 오후 3시에 뵙겠습니다.

I'll see you at 3 o'clock.
아일 시 유 앳 쓰리 어클락

□ 취소하고 싶어요.

I'd like to cancel.
아이ㄷ 라익 투 캔슬

□ 그는 항상 약속을 지켜.

He always keeps his word.
히 올웨이ㅈ 킵ㅅ 히스 워ㄹ드

□ 그는 종종 약속을 어겨.

He often breaks his word.
히 오픈 브레익ㅅ 히스 워ㄹ드

네이티브 표현

MP3. 18-2

Step 1 녹음 듣고 따라 읽으며 해석하기

□ Please call on me when you are free.

>> call on
(사람을) 방문하다

□ Please visit me when you have some time.

□ Are there any plans for you tonight?

□ When and where shall we meet?

□ Have you any appointment tomorrow?

□ I have nothing on my schedule.

□ I have a previous appointment.

□ I made a date with her.

>> 'date'는 구어체에서 '만날 약속, 이성과의 약속'을 의미합니다.

□ He's the last man to go back on his word.

>> go back on one's word
약속을 어기다

□ You have my word.

Step 2 한글 뜻 보며 영어로 쓰기

□ 시간 날 때 방문해 주세요.

□ 시간 날 때 방문해 주세요.

□ 오늘 저녁에 어떤 계획이 있으세요?

□ 언제 어디에서 만날까요?

□ 내일 무슨 약속이 있니?

□ 특별한 약속은 없어.

□ 선약이 있습니다.

□ 나는 그녀와 데이트 약속을 했어.

□ 그는 약속을 어길 사람이 결코 아니에요.

□ 약속하겠습니다.

영어회화 트레이닝

MP3. 18-3

Step 1 한글 보며 나만의 영어로 말하기

수잔 책

1
수잔
안녕하세요.
무엇을 도와드릴까요?
2
잭
스미스 박사님과
약속 했습니다.
박사님 안에 계신가요?
3
수잔
예, 계십니다.
누구라고 전해 드릴까요?
4
잭
앤더슨 컨설팅의
잭 바우어입니다.
5
수잔
여기에서 잠시만 기다리세요.
박사님 곧 나오실 겁니다.
6
잭
감사합니다.

Step 2 녹음 들으며 나만의 영어 확인하기

Step 3 녹음 듣고 소리 내어 따라하기 □□□

Susan Jack

1 Susan

Good afternoon, sir.
May I help you?

2 Jack

I made an appointment with Dr. Smith.
Is Dr. Smith in?

3 Susan

Yes, he's in.
Who shall I say is calling on?

4 Jack

I'm Jack Bauer from Anderson Consulting Firm.

- consulting firm 컨설턴트 회사

5 Susan

Please wait here for a moment.
Dr. Smith will be here soon.

- wait 기다리다

6 Jack

Thank you very much.

전화1

MP3. 19-1

UNIT 19 Who's calling, please?

누구세요?

전화통화는 상대를 볼 수 없어 말을 알아 듣기가 힘듭니다.
그만큼 정확히 듣고 말해야 합니다.
그럼, '전화' 통화 중에 필요한 표현을 배워봅니다!

Who's calling, please?
This is Jane.

첫걸음 표현

□ 누구세요? — Who's calling, please?
후즈 컬링, 플리즈

□ 누구세요? — Who's this, please?
후즈 디스, 플리즈

□ 마틴 박사님 사무실입니다. — This is Dr. Martin's office.
디스 이즈 닥터 마틴ㅅ 어피스

□ 잠시만 기다리세요. — Hold the line, please.
홀ㄷ 더 라인, 플리즈

□ 잠시만 기다리세요. — Hang on the line, please.
행 온 더 라인, 플리즈

» hang on 전화를 끊지 않고 기다리다
hang up 전화를 끊다

□ 끊지 마세요. — Don't hang up.
돈 행 업

□ 바꿔 드리겠습니다. — I'll get him for you.
아일 겟 힘 포 유

□ 빌리 좀 바꿔 줘. — Put Billy on the phone.
풋 빌리 온 더 폰

□ 통화 중입니다. — The line is busy.
더 라인 이즈 비지

□ 전할 말씀 있으세요? — May I take a message?
메이 아이 테익 어 메시쥐

□ 나중에 다시 전화해 주실래요? — Can you call back later?
캔 유 컬 백 레이터

□ 전화 잘못 거셨습니다. — You got the wrong number.
유 갓 더 롱 넘버

□ 빌리 씨랑 통화하고 싶은데요. — I'd like to speak to Mr. Billy.
아이ㄷ 라익 투 스픽 투 미스터 빌리

□ 빌리 씨와 통화할 수 있을까요? — Can I talk to Mr. Billy?
캔 아이 톡 투 미스터 빌리

네이티브 표현

MP3. 19-2

Step 1 녹음 듣고 따라 읽으며 해석하기

□ I'll put him on.

□ Just a minute. I'll connect you.

□ Would you like to leave a message?

□ I'll let him know you called.

□ Could you speak up a little please?

□ Thanks for calling. I'd better go.

□ Excuse me, I have to hang up now.

□ Hello. I'd like to talk to Mike, please.

□ I want to speak to Mr. Billy.

□ Hello, is Mr. Billy in?

Step 2 한글 뜻 보며 영어로 쓰기

□ 바꿔 드리겠습니다.

____

□ 잠시만요. 연결해 드리겠습니다.

____

□ 말씀 전해 드릴까요?

____

□ 전화하셨었다고 말씀 드릴게요.

____

□ 조금만 크게 말해 주실래요?

____

□ 전화해 줘서 고마워요. 이제 끊어야겠네요.

____

□ 죄송합니다만, 이제 전화를 끊어야겠네요.

____

□ 안녕하세요. 마이크 좀 바꿔 주세요.

____

□ 빌리 씨랑 통화하고 싶은데요.

____

□ 안녕하세요, 빌리 씨 계신가요?

____

영어회화 트레이닝

MP3. 19-3

Step 1 한글 보며 나만의 영어로 말하기

맥스 니나

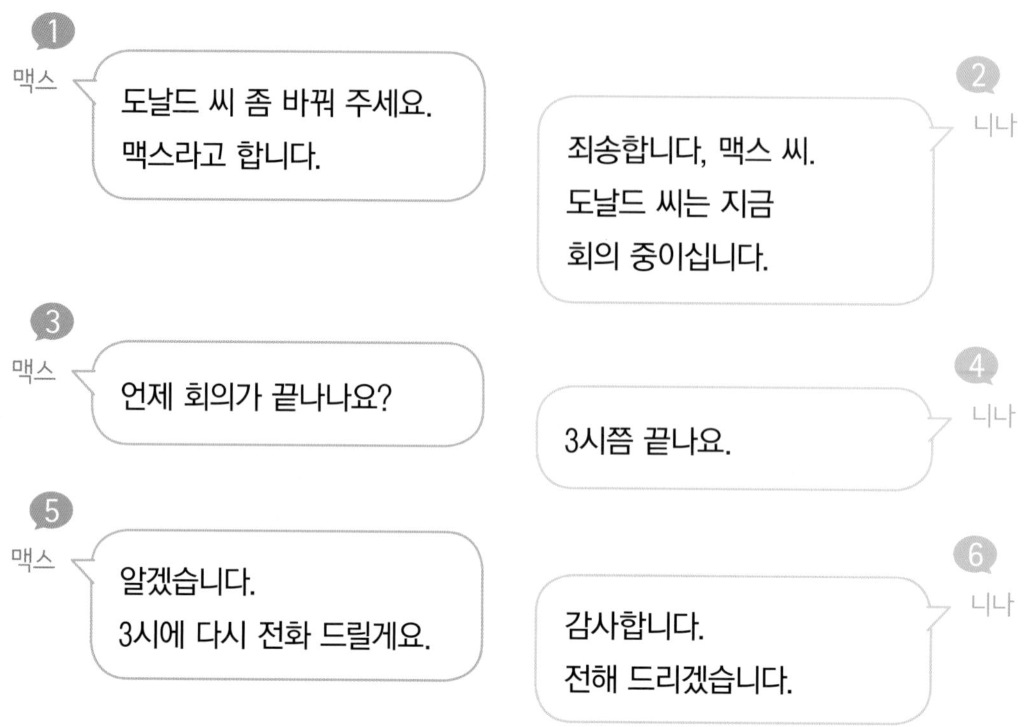

1
맥스
도날드 씨 좀 바꿔 주세요.
맥스라고 합니다.
2
니나
죄송합니다, 맥스 씨.
도날드 씨는 지금
회의 중이십니다.
3
맥스
언제 회의가 끝나나요?
4
니나
3시쯤 끝나요.
5
맥스
알겠습니다.
3시에 다시 전화 드릴게요.
6
니나
감사합니다.
전해 드리겠습니다.

Step 2 녹음 들으며 나만의 영어 확인하기

Step 3 녹음 듣고 소리 내어 따라하기 □□□

Max ⇄ Nina

1 Max
May I speak to Mr. Donald please?
This is Max speaking.

2 Nina
I'm sorry, Mr. Max.
Mr. Donald is in a meeting now.

3 Max
When will it be finished?

- finish 끝마치다

4 Nina
It will be finished around 3 o'clock.

- around (숫자 앞에서) 약, 대략

5 Max
I see.
I'll call him back 3 o'clock.

6 Nina
Thank you.
I'll give him your message.

- message 전달 사항

전화2

MP3. 20-1

UNIT 20 May I speak to Billy?

빌리 좀 바꿔 줄래요?

하루에도 몇 번씩 전화를 걸고 받습니다.
가족, 친구들과 통화하고, 전화로 업무도 봅니다.
이럴 때 쓸 수 있는 '전화' 기본 표현을 공부합니다!

May I speak to Billy?
Just a moment.

첫걸음 표현

□ 여보세요. 론다입니다.
Hello, this is Ronda speaking.
헬로우, 디스 이즈 론다 스피킹

□ 여보세요, 론다 씨 좀 바꿔 주시겠어요?
Hello, may I speak to Ms. Ronda?
헬로우, 메이 아이 스픽 투 미즈 론다

□ 빌리 좀 바꿔 주시겠어요?
May I speak to Billy?
메이 아이 스픽 투 빌리

□ 빌리 씨 좀 바꿔 주시겠어요?

Hello, Mr. Billy, please.
헬로우, 미스터 빌리, 플리즈

□ 빌리 씨 계신가요?

Is Mr. Billy in?
이즈 미스터 빌리 인

□ 빌리 씨 계신가요?

Is Mr. Billy around?
이즈 미스터 빌리 어라운ㄷ

›› be around (마침) 있다

□ 빌리 씨 계신가요?

Let me talk to Mr. Billy.
렛 미 톡 투 미스터 빌리

□ 그는 지금 자리에 없어요.

He is not here at the moment.
히 이즈 낫 히어 앳 더 모먼ㅌ

□ 휴대전화 있니?

Do you have a cell phone?
두 유 해 버 셀 폰

□ 네 휴대전화 번호가 몇 번이니?

What is your cell phone number?
왓 이즈 유어 셀 폰 넘버

□ 내가 나중에 전화할게.

I'll call back later.
아일 컬 백 레이터

□ 네 목소리가 끊겨서 들려.

You're breaking up.
유어 브레이킹 업

□ 내 전화 왜 안 받았어?

Why didn't you answer my phone call?
와이 디든 츄 앤서 마이 폰 컬

네이티브 표현

MP3. 20-2

Step 1 녹음 듣고 따라 읽으며 해석하기

□ Can I ask your cell phone number?

□ You can reach me at my mobile phone.

□ Please feel free to call me on my mobile phone.

□ My cellular phone is in vibration mode.

□ My cell phone is in silent mode.

□ Are you still with me?

□ Did you catch my text message?

□ I sent the text message to you yesterday.

□ The batteries seem to have gone out in my phone.

□ I have to recharge my cell phone.

Step 2 한글 뜻 보며 영어로 쓓기

□ 당신의 휴대전화 번호가 뭐예요?

□ 휴대전화 번호 가르쳐 줄게요.

□ 제 휴대전화로 연락 주십시오.

□ 내 휴대전화는 진동으로 되어 있어.

□ 내 휴대전화는 무음 상태야.

□ 내 말 듣고 있어?

□ 내 문자메시지 받았니?

□ 어제 네게 문자메시지 보냈어.

□ 내 휴대전화 배터리가 거의 방전된 것 같아.

□ 내 휴대전화를 충전해야 해.

영어회화 트레이닝

MP3. 20-3

Step 1 한글 보며 나만의 영어로 말하기

브르노 ○○ 에밀리

1 브르노
에밀리, 어젯밤에
어디에 있었니?
내가 대여섯 번이나
전화했었는데.

2 에밀리
미안해.
배터리가 방전됐었어.
무슨 일인데?

3 브르노
여보세요?
네 소리가 잘 안 들려.

4 에밀리
지금, 엘리베이터 안이야.

5 브르노
그래.
전화가 끊기면
내가 다시 전화할게.

6 에밀리
알았어.

Step 2 녹음 들으며 나만의 영어 확인하기

Step 3 녹음 듣고 소리 내어 따라하기 □□□ ♬Q Bruno ♀ Q Emilie

1 Bruno

Emilie, where were you last night?
I called 5 or 6 times.

2 Emilie

I'm sorry.
My battery went dead.
What's up?

■ go dead (배터리가) 방전되다

3 Bruno

Hello?
I can't hear you well.

■ hear 소리를 듣다

4 Emilie

Now, I'm in an elevator.

5 Bruno

Well.
If the phone is cut, I'll get back to you.

6 Emilie

Okay.

UNIT
21
How long is this flight?
비행시간이 얼마나 걸려요?

UNIT
22
May I see your passport?
여권 보여주시겠어요?

UNIT
23
I'm lost.
길을 잃었어요.

UNIT
24
Do you have any rooms?
방 있나요?

Chapter 3
여행 영어

UNIT
25
How much is it?
얼마예요?

UNIT
26
Just looking around.
구경 중이에요.

UNIT
27
Can I return this?
반품할 수 있어요?

UNIT
28
I'd like to reserve a table.
식당 예약 하려고요.

UNIT
29
Would you like to order?
주문하시겠어요?

UNIT
30
I enjoyed my meal.
잘 먹었습니다.

비행기

MP3. 21-1

UNIT 21 How long is this flight? 비행시간이 얼마나 걸려요?

요즘은 해외로 자유 여행을 많이 갑니다.
스스로 계획을 짜다 보면, 항공권 예약부터 영어가 필요합니다.
그럼, '비행기' 예약과 탑승에 관한 표현을 익혀봅니다!

I'd like to reserve a flight.

첫걸음 표현

□ 뉴욕 행 비행기편을 예약하려 합니다.
I'd like to reserve a flight for New York.
아이ㄷ 라익 투 리저브 어 플라잇 포 뉴 욕

□ 그 항공편 예약해 주세요.
Please book me on the flight.
플리즈 북 미 온 더 플라잇

□ 뉴욕 행 비행기 시간을 바꾸고 싶어요.
I want to change my flight to New York.
아이 원 투 체인쥐 마이 플라잇 투 뉴 욕

□ 언제 출발하실 건가요? When would you like to leave?
웬 우 쥬 라익 투 리브

□ 어느 등급으로 원하십니까? What class would you like?
왓 클래스 우 쥬 라익

» 비행기 좌석 등급
first class 일등석
business class 비즈니스석
economy class 일반석

□ 어떤 좌석을 원하세요? Which seat do you prefer?
위취 싯 두 유 프리퍼

□ 창가 좌석 주세요. Please give me a window seat.
플리즈 기ㅂ 미 어 윈도우 싯

□ 예약을 취소하려고 합니다. I'd like to cancel my reservation.
아이ㄷ 라익 투 캔슬 마이 레저베이션

□ 어느 게이트로 가야 합니까? Which gate do I go to?
위취 게잇 두 아이 고 투

□ 15번 게이트로 안내해 주시겠어요? Can you direct me to Gate 15?
캔 유 디렉ㅌ 미 투 게잇 핍틴

□ 비행시간이 얼마나 걸립니까? How long is this flight?
하우 롱 이즈 디스 플라잇

□ 비행기가 예정대로 가나요? Is the plane on schedule?
이즈 더 플레인 온 스케쥴

네이티브 표현

MP3. 21-2

Step 1 녹음 듣고 따라 읽으며 해석하기

□ I want to reserve a seat on the flight at 3 p.m.

____

□ One-way, or round-trip?

____

□ What is the arrival time?

____

□ What reservation are you holding?

____

□ You are confirmed on your flight.

____

□ How can I get to Gate 9?

____

□ May I have your passport and ticket, please?

____

□ Would you show me your boarding pass, please?

____

□ Do you have any carry-on luggage?

____

□ How many pieces of baggage do you have?

____

Step 2 한글 뜻 보며 영어로 쓰기

□ 3시 출발하는 항공편을 예약하려고 합니다.

□ 편도인가요, 아니면 왕복인가요?

□ 도착 시간이 언제인가요?

□ 어떤 예약을 하셨나요?

□ 항공편 예약이 확인됐습니다.

□ 9번 게이트로 어떻게 가나요?

□ 여권과 항공권을 보여 주시겠어요?

□ 탑승권을 보여 주시겠어요?

□ 기내에 가져 갈 짐이 있습니까?

□ 짐이 몇 개입니까?

영어회화 트레이닝

MP3. 21-3

Step 1 한글 보며 나만의 영어로 말하기

보니타 클리프

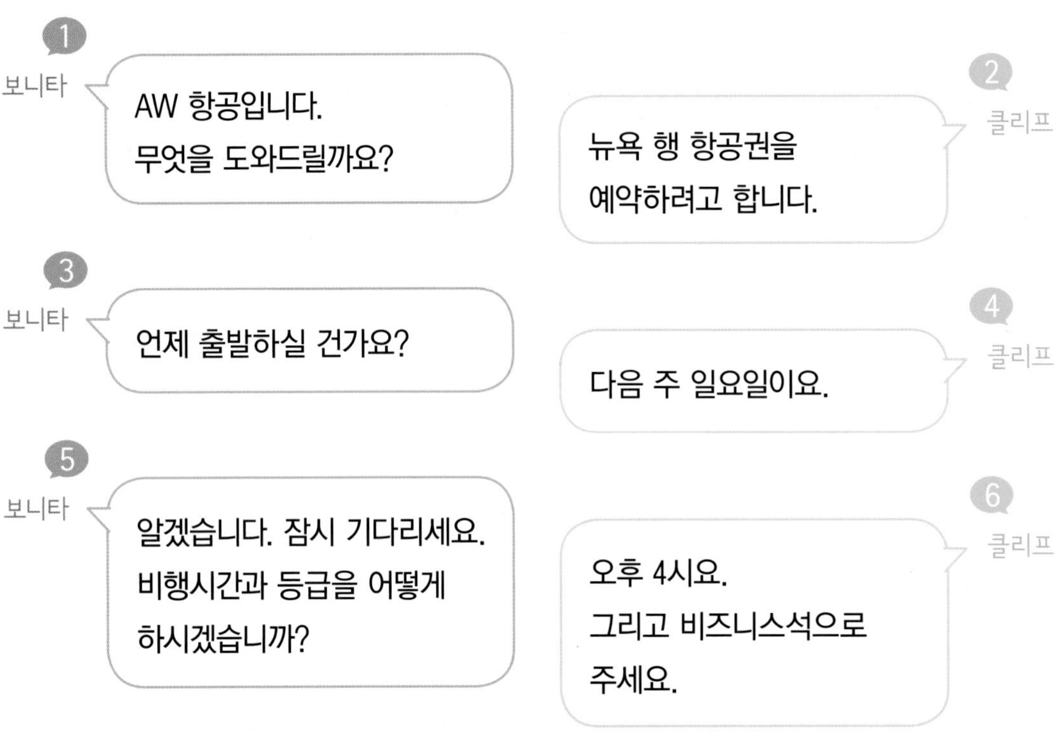

1
보니타
AW 항공입니다.
무엇을 도와드릴까요?
2
클리프
뉴욕 행 항공권을
예약하려고 합니다.
3
보니타
언제 출발하실 건가요?
4
클리프
다음 주 일요일이요.
5
보니타
알겠습니다. 잠시 기다리세요.
비행시간과 등급을 어떻게
하시겠습니까?
6
클리프
오후 4시요.
그리고 비즈니스석으로
주세요.

Step 2 녹음 들으며 나만의 영어 확인하기

Step 3 녹음 듣고 소리 내어 따라하기 □□□

Bonita Cliff

1 Bonita
AW Airlines.
What can I do for you?

2 Cliff
I'd like to reserve a seat for New York.

3 Bonita
When would you like to leave?

■ leave 출발하다

4 Cliff
Next Sunday.

5 Bonita
Right. Hold on, please.
What time would you like and what class?

6 Cliff
At 4 p.m.
And business class.

입국심사

MP3. 22-1

UNIT 22 May I see your passport? 여권 보여주시겠어요?

여행지 공항에 도착하면, 입국심사를 받습니다.
하지만 딱딱한 심사관에게 영어로 대답하기 쉽지 않습니다.
이때 필요한, '입국심사'와 관련한 표현을 배워봅니다!

첫걸음 표현

□ 여권을 보여 주시겠습니까?

May I see your passport, please?
메이 아이 시 유어 패스포트, 플리즈

□ 여기 있습니다.

Here it is.
히어 잇 이즈

□ 방문 목적은 무엇입니까?

What is the purpose of your visit?
왓 이즈 더 퍼포즈 어 뷰어 비짓

□ 여행 차 왔습니다.	To travel. 투 트래블
□ 업무 차 왔습니다.	On business. 온 비즈니스
□ 얼마나 머물 예정입니까?	How long are you going to stay? 하우 롱 아 유 고잉 투 스테이
□ 7일 동안 머물 겁니다.	For 7 days. 포 세븐 데이즈
□ 어디에서 묵으실 건가요?	Where are you going to stay? 웨어 아 유 고잉 투 스테이
□ 밀튼 호텔에서 묵을 예정입니다.	At the Milton hotel. 앳 더 밀튼 호텔
□ 귀국행 항공권이 있나요?	Do you have a return ticket? 두 유 해ㅂ 어 리턴 티켓
□ 신고할 것이 있습니까?	Do you have anything to declare? 두 유 해ㅂ 애니씽 투 디클레어
□ 신고할 것이 없습니다.	I have nothing to declare. 아이 해ㅂ 나씽 투 디클레어
□ 이 짐 속에 무엇이 있습니까?	What's the content of this package? 왓ㅊ 더 컨텐 텁 디스 팩키쥐

네이티브 표현

MP3. 22-2

Step 1 녹음 듣고 따라 읽으며 해석하기

□ On vacation.

□ To go sightseeing.

□ Where will you be staying?

□ Are you traveling in a group?

□ I travel alone.

□ How much money do you have with you?

□ I have 2,000 dollars in cash.

□ Where can I pick up my baggage?

□ Please hand me the customs declaration form.

□ Open your baggage, please.

Step 2 한글 뜻 보며 영어로 쓰기

□ 휴가 차 왔습니다.

□ 관광하러 왔습니다.

□ 어디에서 묵으실 겁니까?

□ 단체 여행하십니까?

□ 혼자 여행해요.

□ 돈을 얼마나 소지하고 계십니까?

□ 현금 2천 달러를 갖고 있습니다.

□ 수하물은 어디서 찾아요?

□ 세관신고서를 주십시오.

□ 가방을 열어 보십시오.

영어회화 트레이닝

MP3. 22-3

Step 1 한글 보며 나만의 영어로 말하기

아돌프 / 카밀라

1
아돌프
안녕하세요.
여권 좀 보여 주시겠습니까?
2
카밀라
여기 있습니다.
3
아돌프
방문 목적은 무엇입니까?
4
카밀라
업무 차 왔습니다.
5
아돌프
얼마나 머물 예정입니까?
6
카밀라
2주 동안 머뭅니다.

Step 2 녹음 들으며 나만의 영어 확인하기

Step 3 녹음 듣고 소리 내어 따라하기 □□□ Adolph Camilla

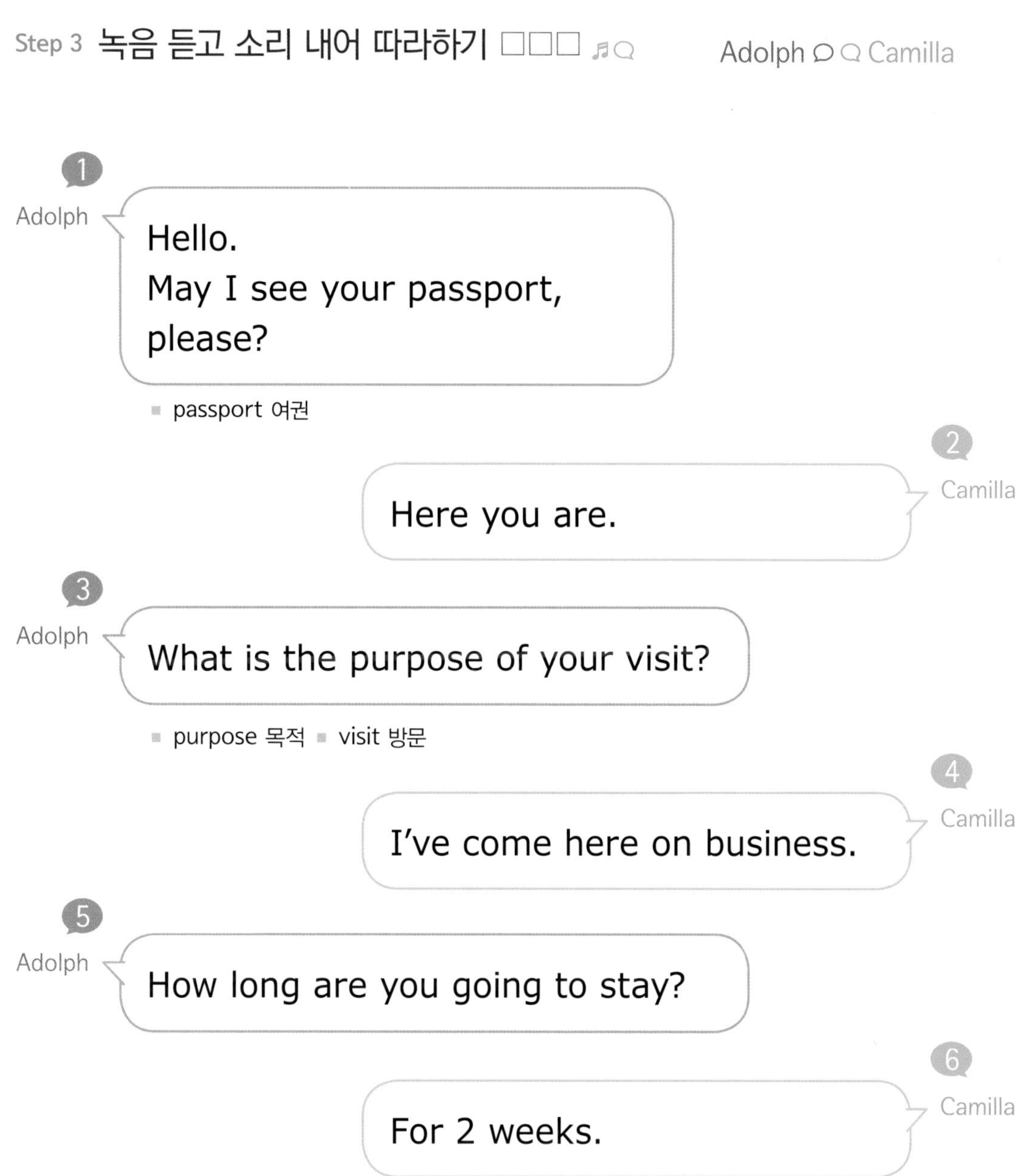

1
Adolph
Hello.
May I see your passport, please?
passport 여권
2
Camilla
Here you are.
3
Adolph
What is the purpose of your visit?
purpose 목적 visit 방문
4
Camilla
I've come here on business.
5
Adolph
How long are you going to stay?
6
Camilla
For 2 weeks.

길 찾기

MP3. 23-1

UNIT 23 I'm lost.

길을 잃었어요.

낯선 곳에 도착하면, 길을 찾아야 합니다.
이때, 관광 안내소를 가거나 행인에게 물어 볼 수 있습니다.
장소를 찾아갈 때 필요한, '길 찾기' 표현을 공부합니다!

I'm lost.
Where do you want to go?

첫걸음 표현

□ 길을 잃었어요.

I'm lost.
아임 로슷

□ 여기가 어디죠?

Where am I now?
웨어 앰 아이 나우

□ 말씀 좀 묻겠습니다.

Could you give me some information?
쿠 쥬 기ㅂ 미 섬 인포메이션

□ 길 좀 알려 주세요.

Give me some directions, please.
기ㅂ 미 섬 디렉션ㅅ, 플리즈

□ 길 좀 알려 주세요.

Can I get some directions?
캔 아이 겟 섬 디렉션ㅅ

□ 얼마나 멀죠?

How far is it?
하우 파 이즈 잇

□ 얼마나 걸릴까요?

How long will it take?
하우 롱 윌 잇 테익

□ 역까지 어느 길로 가나요?

Which way is it to the station?
위취 웨이 이 짓 투 더 스테이션

□ 역은 어떻게 가나요?

How do I get to the station?
하우 두 아이 겟 투 더 스테이션

□ 역으로 가는 길이 맞나요?

Am I on the right road for the station?
앰 아이 온 더 라잇 로ㄷ 포 더 스테이션

□ 곧장 가세요.

Go straight ahead.
고 스트레잇 어헤ㄷ

□ 모퉁이에서 좌회전하세요.

Turn left at the corner.
턴 레픗 앳 더 코ㄹ너ㄹ

□ 큰 교차로가 보일 거예요.

You'll see a big intersection.
유일 시 어 빅 인터ㄹ섹션

네이티브 표현

MP3. 23-2

Step 1 녹음 듣고 따라 읽으며 해석하기

□ Go straight ahead down this street.

□ Go straight until you come to a traffic light.

□ Go left here for 3 blocks.

□ Walk 2 blocks from here and turn right.

>> turn (to) left
좌회전하다
= make a left (turn)
= take a left (turn)

□ Follow this street and you'll come to it.

□ The station is next door to the bank.

□ The station is around the corner.

□ The station is across the street from the post office.

□ It takes 10 minutes to get there.

□ I'm going in the same direction.

Step 2 한글 뜻 보며 영어로 쓰기

□ 이 길을 따라 곧장 가세요.

□ 신호등까지 곧장 가세요.

□ 여기에서 왼쪽으로 세 블록 가세요.

□ 두 블록 걸어가서 우회전하세요.

□ 이 길로 계속 가면 거기가 나옵니다.

□ 역은 은행 바로 옆에 있습니다.

□ 역은 저 모퉁이 근처에 있습니다.

□ 역은 우체국 맞은 편입니다.

□ 거기 가는데 10분 걸립니다.

□ 저도 같은 방향으로 가는 중입니다.

영어회화 트레이닝

MP3. 23-3

Step 1 한글 보며 나만의 영어로 말하기

필립 제인

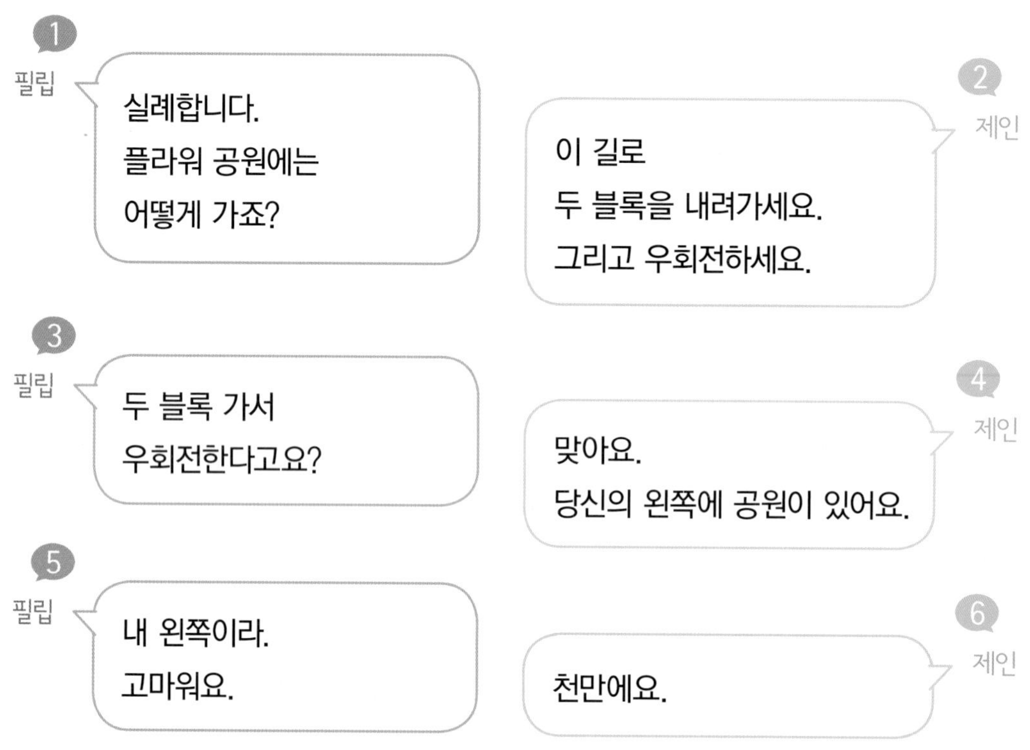

1
필립
실례합니다.
플라워 공원에는
어떻게 가죠?
2
제인
이 길로
두 블록을 내려가세요.
그리고 우회전하세요.
3
필립
두 블록 가서
우회전한다고요?
4
제인
맞아요.
당신의 왼쪽에 공원이 있어요.
5
필립
내 왼쪽이라.
고마워요.
6
제인
천만에요.

Step 2 녹음 들으며 나만의 영어 확인하기

Step 3 녹음 듣고 소리 내어 따라하기 □□□ ♬Q

Phillip ○ Q Jane

1 Phillip

Excuse me, please.
How do I get to the Flower Park?

▪ get 도착하다 ▪ park 공원

2 Jane

Go down this street, 2 blocks.
Then turn right.

▪ turn 돌다, 돌리다

3 Phillip

Go 2 blocks and turn right?

4 Jane

That's right.
The park is on your left.

5 Phillip

On my left.
Thank you.

6 Jane

You're welcome.

숙박

MP3. 24-1

UNIT 24 Do you have any rooms? 방 있나요?

여행을 준비할 때, 잠잘 곳을 예약해야 합니다.
그리고 숙소에 도착해 체크인, 나갈 때는 체크아웃을 합니다.
이때 유용한, '숙박'과 관련한 표현을 익혀봅니다!

첫걸음 표현

□ 방이 있습니까?
Do you have any rooms?
두 유 해ㅂ 애니 룸ㅅ

□ 어떤 방을 원하십니까?
What kind of room would you like?
왓 카인 더ㅂ 룸 우 쥬 라익

□ 내일 밤 싱글 룸을 예약하려고 합니다.
I'd like a single room for tomorrow night.
아이ㄷ 라익 어 싱글 룸 포 투머로우 나잇

□ 바다가 보이는 방을 원합니다.
I'd like a room with an ocean view.
아이ㄷ 라익 어 룸 위 던 오션 뷰

□ 며칠 묵으실 건가요?
For how many nights?
포 하우 메니 나잇ㅊ

□ 며칠 묵으실 건가요?
How long will you be staying here?
하우 롱 윌 유 비 스테잉 히어

□ 이틀 묵을 겁니다.
I'll stay for two nights.
아일 스테이 포 투 나잇ㅊ

□ 하루에 숙박료가 얼마입니까?
What's the charge per day?
왓ㅊ 더 차지 퍼 데이

□ 좀 더 싼 방이 있습니까?
Do you have anything cheaper?
두 유 해ㅂ 애니씽 칩퍼

□ 체크인 하려고 합니다.
Check in, please.
첵 인, 플리즈

□ 언제 예약하셨습니까?
When did you make your reservation?
웬 디 쥬 메익 유어 레저베이션

□ 그저께 예약했습니다.
We booked the day before yesterday.
위 북ㅌ 더 데이 비포 예스터데이

□ 아침 식사 포함인가요?
Is breakfast included?
이즈 브랙퍼슷 인클루디ㄷ

□ 침대를 정돈해 주세요.
Please make the bed.
플리즈 메익 더 베ㄷ

네이티브 표현

MP3. 24-2

Step 1 녹음 듣고 따라 읽으며 해석하기

- □ Could I change my room?
- □ There are no towels. Can you bring some?
- □ Please give me a wake-up call at 6.
- □ Would you clean the room while I'm out?
- □ Please keep this baggage.
- □ Is there a laundry service in the hotel?
- □ Can I have a city map please?
- □ I want to leave one day earlier.
- □ I'd like to extend my stay for a few days.
- □ What is the check-out time?

Step 2 한글 뜻 보며 영어로 쓰기

□ 방을 바꿀 수 있을까요?

□ 수건이 없네요. 좀 갖다 주시겠습니까?

□ 6시에 깨워 주세요.

□ 제가 외출한 동안 방 청소를 해 주시겠습니까?

□ 이 짐을 보관해 주세요.

□ 호텔에 세탁 서비스가 있나요?

□ 시내 지도 하나 주시겠습니까?

□ 하루 일찍 나가고 싶습니다.

□ 며칠 더 숙박하고 싶습니다.

□ 체크아웃 시간이 언제죠?

영어회화 트레이닝

MP3. 24-3

Step 1 한글 보며 나만의 영어로 말하기

베시 데이브

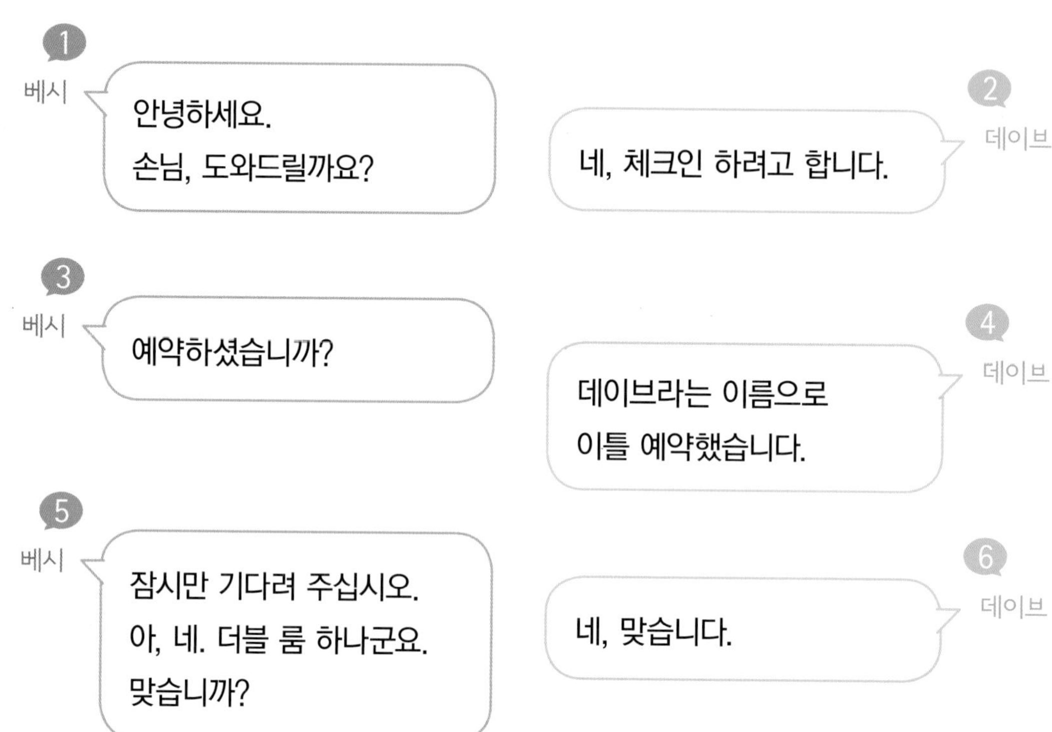

1
베시
안녕하세요.
손님, 도와드릴까요?
2
데이브
네, 체크인 하려고 합니다.
3
베시
예약하셨습니까?
4
데이브
데이브라는 이름으로
이틀 예약했습니다.
5
베시
잠시만 기다려 주십시오.
아, 네. 더블 룸 하나군요.
맞습니까?
6
데이브
네, 맞습니다.

Step 2 녹음 들으며 나만의 영어 확인하기

Step 3 녹음 듣고 소리 내어 따라하기 □□□ ♬Q　　Bessie ◯ Q Dave

1 Bessie

Good evening.
May I help you, sir?

2 Dave

Yes, I'd like to check in, please.

3 Bessie

Have you made a reservation?

4 Dave

I'm sure I made a reservation under the name of Dave for 2 nights.

5 Bessie

Just a moment, please.
Oh, yes. One double.
Is that right?

6 Dave

Yes, that's right.

쇼핑1

MP3. 25-1

UNIT 25 How much is it?

얼마예요?

여행을 가면, 거기서 사야 할 쇼핑 리스트가 있습니다.
현지에서만 팔거나 한국보다 저렴한 물건들이 있기 때문입니다.
그럼, '쇼핑'할 때 유용한 표현을 배워봅니다!

How much is it?

It's $17.

첫걸음 표현

□ 얼마입니까? How much is it?
하우 머취 이즈 잇

□ 얼마예요? How much does it cost?
하우 머취 더즈 잇 커슷

□ 5달러입니다. It's 5 dollars.
잇ㅊ 파이ㅂ 달러즈

□ 이걸로 주세요. Give me this one.
기ㅂ 미 디스 원

□ 좋아요, 그걸 사겠어요. Okay, I'll take it.
오케이, 아일 테이 킷

□ 아직 결정하지 못했습니다. I can't decide yet.
아이 캔ㅌ 디사이드 옛

□ 저것 좀 보여주시겠어요? Can you show me that?
캔 유 쇼우 미 댓

□ 다른 거 볼 수 있나요? Can I see other items?
캔 아이 시 아더 아이템즈

□ 좀 더 둘러보고요. I'll look around some more.
아일 룩 어라운ㄷ 섬 모어

□ 너무 비쌉니다. That's too expensive.
댓ㅊ 투 익스펜시ㅂ

□ 매우 싸군요. That's a bargain.
댓 처 바ㄹ겐

>> 손님이 'That's cheap.'이라고 하면 '물건의 질이 떨어진다'라는 의미가 될 수 있음을 유의합니다.

□ 조금 비싸군요. That's a little steep.
댓 처 리들 스팁

>> steep은 '(경사가) 가파른'이란 뜻으로 '가격이 비싸다'는 것을 비유적으로 표현합니다.

□ 조금 할인해 주시겠어요? Could you give me a discount?
쿠 쥬 기ㅂ 미 어 디ㅅ카운ㅌ

□ 계산대가 어디죠? Where is the check-out counter?
웨어 이즈 더 첵아웃 카운터

네이티브 표현

MP3. 25-2

Step 1 녹음 듣고 따라 읽으며 해석하기

□ I like this one best.

□ I'm looking around.

□ How much is the total?

□ That's a steal.

» steal 횡재

□ That's a reasonable price.

□ What is the most popular?

□ Could you cut the price a little?

□ May I pay by credit card?

□ The amount is wrong.

□ Would you like to pay in installments or in full?

Step 2 한글 뜻 보며 영어로 쓰기

□ 이것이 제일 마음에 듭니다.

□ 구경 중이에요.

□ 전부 얼마죠?

□ 매우 싸군요.

□ 적절한 가격이군요.

□ 가장 인기 있는 건 뭐예요?

□ 조금 깎아 주실래요?

□ 신용카드로 지불해도 됩니까?

□ 금액이 틀려요.

□ 할부로 하세요 아니면 일시불로 하세요?

영어회화 트레이닝

MP3. 25-3

Step 1 한글 보며 나만의 영어로 말하기

브룩 셀리나

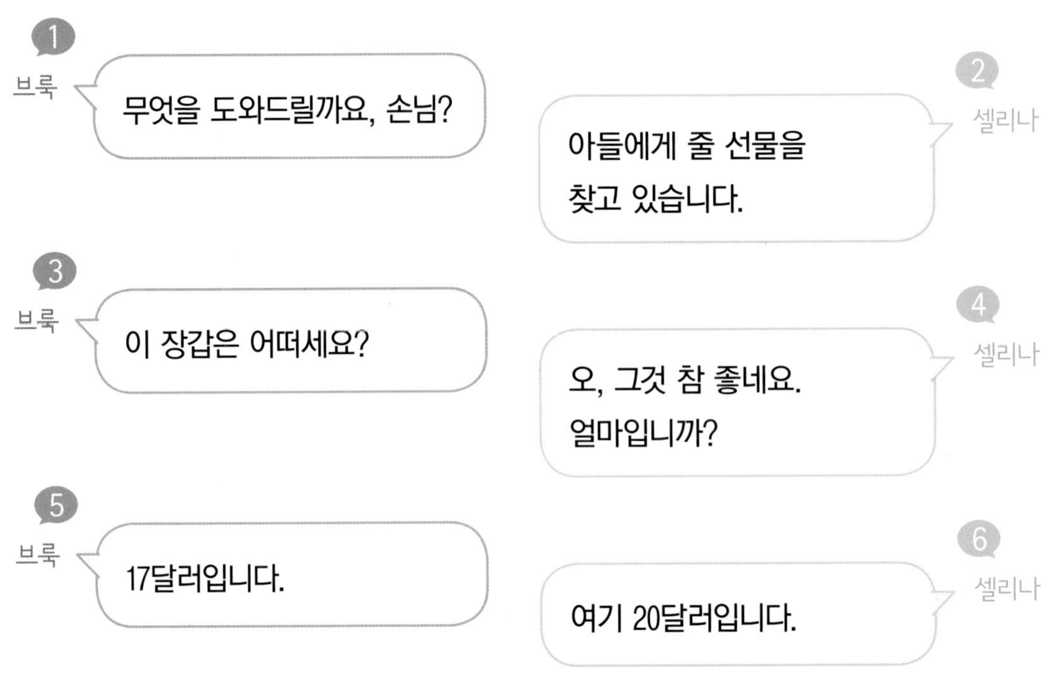

1 브룩
무엇을 도와드릴까요, 손님?
2 셀리나
아들에게 줄 선물을 찾고 있습니다.
3 브룩
이 장갑은 어떠세요?
4 셀리나
오, 그것 참 좋네요. 얼마입니까?
5 브룩
17달러입니다.
6 셀리나
여기 20달러입니다.

Step 2 녹음 들으며 나만의 영어 확인하기

Step 3 녹음 듣고 소리 내어 따라하기 □□□ ♬Q Brooke ◌ Q Celina

1 Brooke

What can I do for you, ma'am?

2 Celina

I'm looking for a present for my son.

■ present 선물

3 Brooke

How about these gloves?

■ glove 장갑

4 Celina

Oh, that's pretty good. How much is it?

5 Brooke

It's $17.

6 Celina

Here's $20.

쇼핑2

MP3. 26-1

UNIT 26 Just looking around.
그냥 구경 중이에요.

쇼핑 가서 원하는 물건을 고르는 것은 쉬운 일이 아닙니다.
입어도 보고, 점원에게 원하는 사이즈나 색깔도 물어봐야 합니다.
이때 유용한, '쇼핑'과 관련한 표현을 공부합니다!

What about this white one?
I like it.

첫걸음 표현

□ 무엇을 도와 드릴까요? **May I help you?**
메이 아이 헬 퓨

□ 무엇을 도와 드릴까요? **What can I do for you?**
왓 캔 아이 두 포 유

□ 그냥 구경 중이에요. **Just looking around.**
저슷 루킹 어라운ㄷ

» look 정지한 것을) 보다
watch (움직이는 것을) 보다

□ 그냥 구경 중이에요. I'm just browsing.
아임 저슷 브라우징

» browse 대강 훑어보다

□ 그냥 구경하고 있어요. I'm just window-shopping.
아임 저슷 윈도-샤핑

» 아이쇼핑(eye-shopping)은 한국에서 쓰는 표현으로, window-shopping이 영어 표현입니다.

□ 기념품 파는 가게가 어디 있어요? Where can I find souvenirs?
웨어 캔 아이 파인ㄷ 수비니어즈

□ 화장품 파는 가게가 어디 있어요? Where are the cosmetics?
웨어 아 더 코스메틱스

□ 운동화 있어요? Do you have sneakers?
두 유 해ㅂ 스니커즈

□ 신상품 좀 보여 주세요. I'd like to see the new arrivals.
아이ㄷ 라익 투 시 더 뉴 어라이벌즈

□ 넥타이 좀 보여 주세요. Please show me some ties.
플리즈 쇼우 미 섬 타이즈

□ 다른 건 없나요? Do you have anything else?
두 유 해ㅂ 애니씽 엘스

□ 다른 색상은 없나요? Do you have other colors?
두 유 해ㅂ 아더 컬러즈

□ 한번 입어 봐도 될까요? May I try it on?
메이 아이 츠라이 잇 온

네이티브 표현

MP3. 26-2

Step 1 녹음 듣고 따라 읽으며 해석하기

□ I'm looking for the long sleeve shirts.

□ Could you show me those bags over there?

□ Could you show me the others?

□ Will you show me some?

□ I'd like this in a different color.

□ I'd like to try this on.

□ Do you have a small-size dress?

□ Where is the fitting room?

□ What about this one?

□ This shirt fits me quite well.

Step 2 한글 뜻 보며 영어로 쓰기

□ 긴 팔 셔츠를 좀 사려고 합니다.

□ 저기 있는 가방 좀 보여 주시겠습니까?

□ 다른 걸로 보여 주실래요?

□ 몇 가지를 보여 주시겠어요?

□ 이것과 다른 색을 원합니다.

□ 이것을 입어 보고 싶은데요.

□ 작은 사이즈 드레스 있어요?

□ 탈의실은 어디예요?

□ 이것은 어떠세요?

□ 이 셔츠 나한테 잘 어울리네요.

영어회화 트레이닝

MP3. 26-3

Step 1 한글 보며 나만의 영어로 말하기

패트릭 올가

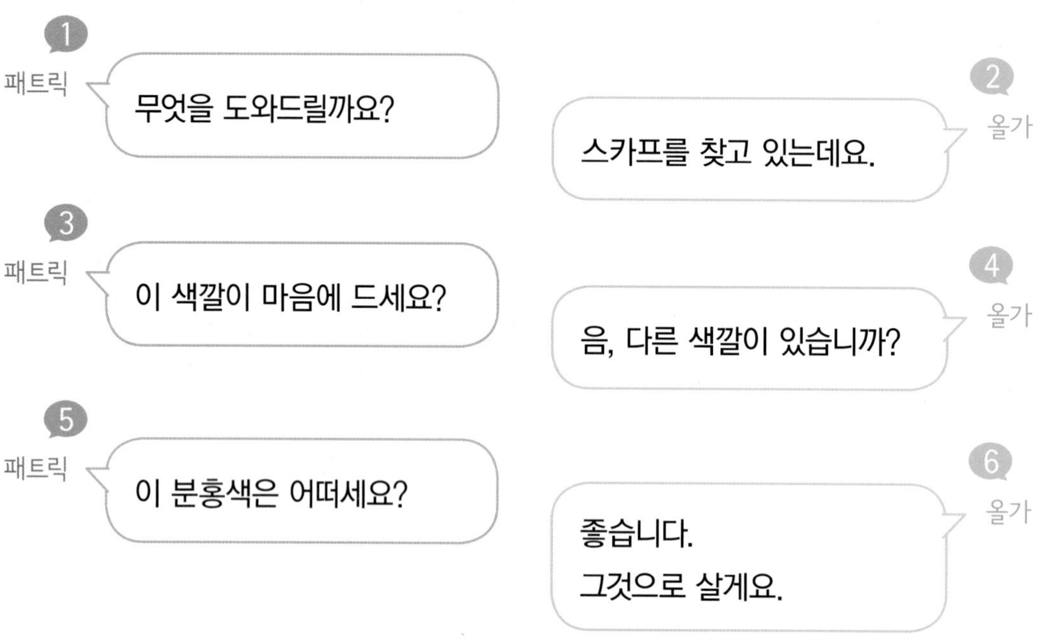

1
패트릭
무엇을 도와드릴까요?
2
올가
스카프를 찾고 있는데요.
3
패트릭
이 색깔이 마음에 드세요?
4
올가
음, 다른 색깔이 있습니까?
5
패트릭
이 분홍색은 어떠세요?
6
올가
좋습니다.
그것으로 살게요.

Step 2 녹음 들으며 나만의 영어 확인하기

Step 3 녹음 듣고 소리 내어 따라하기 □□□

Patrick ⟷ Olga

1 Patrick: What can I do for you?

2 Olga: I'm looking for a scarf.

- scarf 스카프

3 Patrick: Do you like this color?

4 Olga: Hmm, do you have one in a different color?

- different 다른

5 Patrick: How about this pink one?

6 Olga: Great.
I'll take it.

쇼핑3

MP3. 27-1

UNIT 27 Can I return this?

반품할 수 있어요?

쇼핑한 물건이 마음에 안 드는 경우가 있습니다.
그러면 매장에 가서 환불이나 교환을 해야 합니다.
이때 필요한, '쇼핑'과 관련한 표현을 익혀봅니다!

May I help you?
Can I return this?

첫걸음 표현

□ 반품할 수 있나요? | Can I return this?
캔 아이 리턴 디스

□ 교환하고 싶어요. | I want to exchange it.
아이 원 투 익스체인쥐 잇

□ 언제까지 환불 가능한가요? | Until when can I get a refund?
언틸 웬 캔 아이 겟 어 리펀

□ 전혀 사용하지 않았어요.

I never used it.
아이 네버 유즈ㄷ 잇

□ 언제 사셨어요?

When did you buy it?
웬 디 쥬 바이 잇

□ 영수증을 주세요.

Please give me a receipt.
플리즈 기ㅂ 미 어 리싯

□ 포장해 주시겠어요?

Could you wrap it up?
쿠 쥬 랩 잇 업

□ 선물 포장할 수 있나요?

Can you gift-wrap it?
캔 유 기픗 랩 잇

□ 따로 포장해 주세요.

Please wrap them separately.
플리즈 랩 뎀 세퍼레이틀리

□ 호텔로 배달해 주시겠습니까?

Do you deliver to the hotel?
두 유 딜리버 투 더 호텔

□ 이것을 배달시킬 수 있나요?

Can I have this delivered?
캔 아이 해ㅂ 디스 딜리버ㄷ

□ 바가지를 썼어요.

I got ripped off.
아이 갓 립 토ㅍ

» rip off ~을 뜯어내다, 벗기다, (~에게) 값을 턱없이 요구하다

□ 한국 돈도 받아요?

Do you accept Korean won?
두 유 어셉ㅌ 코리안 원

네이티브 표현

MP3. 27-2

Step 1 녹음 듣고 따라 읽으며 해석하기

- □ Will you have them wrapped?
- □ Can you put it in a bag, please?
- □ Can I have a sack, please?
- □ Can you deliver it to this address?
- □ Can I get a refund on this?
- □ Could I exchange this dress for another one?
- □ I want to exchange it for a larger size.
- □ What time do you close?
- □ How late are you open?
- □ Is this on sale also?

Step 2 한글 뜻 보며 영어로 쓰기

□ 포장 좀 해 주실래요?

____

□ 봉투에 넣어 주시겠어요?

____

□ 봉지에 넣어 주시겠어요?

____

□ 이 주소로 배달이 가능하나요?

____

□ 이걸 환불할 수 있나요?

____

□ 이 드레스를 다른 걸로 교환할 수 있나요?

____

□ 더 큰 사이즈로 교환하고 싶어요.

____

□ 몇 시에 문을 닫습니까?

____

□ 영업 시간이 몇 시까지죠?

____

□ 이것도 세일합니까?

____

영어회화 트레이닝

MP3. 27-3

Step 1 한글 보며 나만의 영어로 말하기

조단 아델라

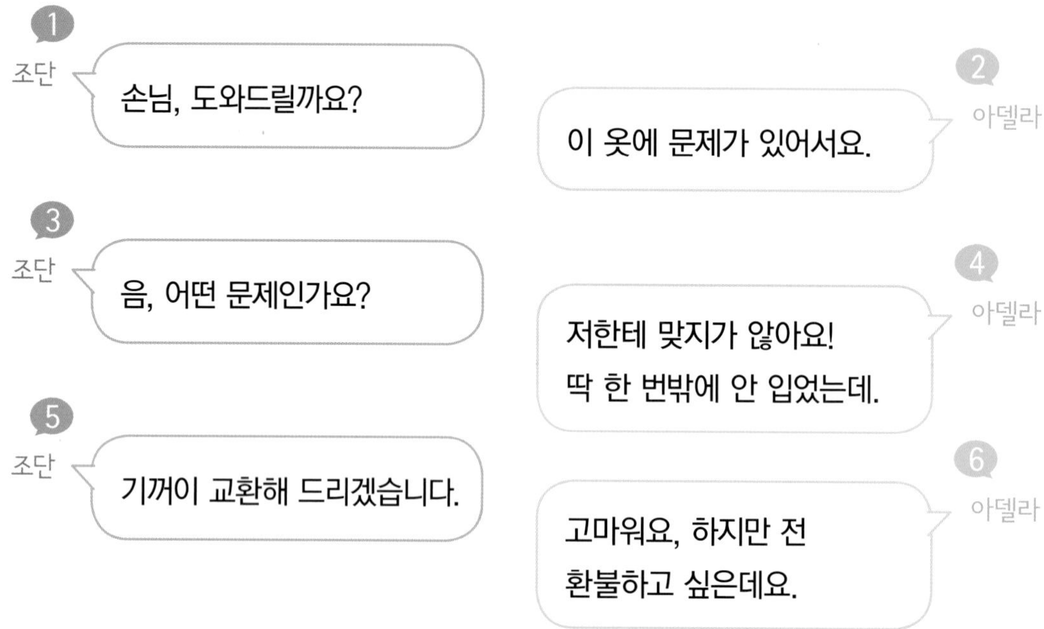

1 조단
손님, 도와드릴까요?
2 아델라
이 옷에 문제가 있어서요.
3 조단
음, 어떤 문제인가요?
4 아델라
저한테 맞지가 않아요!
딱 한 번밖에 안 입었는데.
5 조단
기꺼이 교환해 드리겠습니다.
6 아델라
고마워요, 하지만 전
환불하고 싶은데요.

Step 2 녹음 들으며 나만의 영어 확인하기

Step 3 녹음 듣고 소리 내어 따라하기 □□□

Jordan ○ Adela

1 Jordan
May I help you, ma'am?

■ ma'am (점원이 여자 손님한테 하는 호칭) 아주머니

2 Adela
I have a problem with this dress.

3 Jordan
Well, what seems to be the problem?

4 Adela
It just doesn't fit me!
I've only wore it once.

5 Jordan
I'd be happy to exchange it for you.

6 Adela
Thank you, but I'd like a refund, please.

맛집1

MP3. 28-1

UNIT 28 I'd like to reserve a table. 식당 예약하려고요.

유명한 맛집은 한국도 예약이 필수입니다.
외국은 대부분 식당이 예약을 하고 가야 합니다.
이때 필요한, '맛집'과 관련한 표현을 배워봅니다!

I'd like to reserve a table.

첫걸음 표현

□ 식당 예약하려고요. **I'd like to reserve a table.**
아이ㄷ 라익 투 리저브 어 테이블

□ 예약을 할 수 있을까요? **Could I make a reservation?**
쿠 다이 메익 어 레저베이션

□ 예약하셨습니까? **Do you have a reservation?**
두 유 해 버 레저베이션

□ 에드워드로 예약을 했습니다.

We made a reservation for Edward.
위 메잇 어 레저베이션 포 에ㄷ워ㄷ

□ 몇 분이세요?

How many are with you?
하우 메니 아 윗 유

□ 두 사람 자리가 있나요?

Do you have a table for two?
두 유 해 버 테이블 포 투

□ 우리 일행은 세 사람입니다.

We have a party of three.
위 해 버 파ㄹ티 어ㅂ 쓰리

» party 모임, 일행

□ 창가 자리를 원합니다.

We'd prefer a table by the window.
위ㄷ 프리퍼 어 테이블 바이 더 윈도우

□ 다른 자리가 좋겠네요.

I would rather choose the other seat.
아이 우ㄷ 래더 추즈 디 아더 싯

□ 얼마나 기다려야 하나요?

How long do we have to wait?
하우 롱 두 위 해ㅂ 투 웨잇

□ 저녁으로 뭘 드실래요?

What do you want for dinner?
왓 두 유 원 포 디너

□ 멕시코 음식 어때요?

How about Mexican food?
하우 어바웃 멕시칸 푸ㄷ

□ 오늘 저녁 외식하는 거 어때요?

How about eating out tonight?
하우 어바웃 이팅 아웃 투나잇

네이티브 표현

MP3. 28-2

Step 1 녹음 듣고 따라 읽으며 해석하기

□ What would you like to have for dinner?

□ What restaurant do you want to eat at?

□ Why don't you eat out tonight?

□ Can you make a reservation for me?

□ Can I book a room for 4?

» book은 '이름을 기입하다'라는 뜻에서 '(좌석을) 예약하다'라는 의미가 되었습니다.

□ I have a reservation at 8.

□ I called for a reservation for 7 o'clock.

□ I didn't make reservations.

□ We'd prefer to sit in the non-smoking section.

□ I would like to have a table with a nice view.

Step 2 한글 뜻 보며 영어로 쓰기

□ 저녁으로 뭘 먹고 싶습니까?

□ 어떤 레스토랑에서 식사하시겠습니까?

□ 오늘 저녁에 외식하는 건 어때요?

□ 예약이 가능합니까?

□ 4인용 방을 예약할 수 있을까요?

□ 8시에 예약을 했습니다.

□ 7시로 전화 예약을 했습니다.

□ 예약을 하지 않았습니다.

□ 금연석이 좋겠습니다.

□ 전망이 좋은 자리를 부탁합니다.

영어회화 트레이닝

MP3. 28-3

Step 1 한글 보며 나만의 영어로 말하기

테일러 로렌

1 테일러
안녕하세요!
저녁 식사 예약을
하고 싶습니다.

2 로렌
네, 손님.
언제로 예약할까요?

3 테일러
오늘 밤 7시로 부탁합니다.

4 로렌
일행이 몇 분이죠?

5 테일러
세 명입니다.
창가에 앉고 싶은데요.

6 로렌
네, 가능합니다.
전화 주셔서 감사합니다.
나중에 뵙겠습니다.

Step 2 녹음 들으며 나만의 영어 확인하기

Step 3 녹음 듣고 소리 내어 따라하기 □□□

Taylor ○ ○ Lauren

1 Taylor

Hello!
I'd like to make a reservation for dinner.

■ reservation 예약

2 Lauren

Certainly, sir.
When would you like to go?

3 Taylor

7 o'clock tonight, please.

4 Lauren

How many are with you?

5 Taylor

We have a party of 3.
And we'd like to sit by the window.

■ sit by the window 창가에 앉다

6 Lauren

Yes, you can.
Thank you for calling.
See you later.

맛집2

MP3. 29-1

UNIT 29 Would you like to order? 주문하시겠어요?

식당에서 자리를 잡고 나면, 이제 주문할 차례입니다.
웨이터가 이것저것 묻는데 대답하기 쉽지 않습니다.
그럼, '맛집'에서 주문할 때 쓰는 표현을 공부합니다!

Would you like to order?
Soup, steak, and salad.

첫걸음 표현

□ 주문하시겠어요? Would you like to order?
우 쥬 라익 투 오더

□ 무엇을 드시겠어요? What would you like to eat?
왓 우 쥬 라익 투 잇

□ 무엇을 주문하시겠어요? What would you like to order, sir?
왓 우 쥬 라익 투 오더, 서ㄹ

□ 뭘 좀 마시겠어요? Would you like something to drink?
우 쥬 라익 섬씽 투 드링ㅋ

□ 뭘 좀 마시겠어요? | Would you care for something to drink?
우 쥬 캐어 포 섬씽 투 드링ㅋ

□ 메뉴 좀 주세요. | Menu, please.
메뉴, 플리즈

□ 메뉴판을 주시겠어요? | Could I have a menu, please?
쿠 다이 해 버 메뉴, 플리즈

□ 한국 음식 어떠세요? | What do you think of Korean food?
왓 두 유 씽 커ㅂ 커리언 푸ㄷ

□ 점심 식사로 뭐가 있어요? | What's for lunch?
왓ㅊ 포 런취

□ 추천해 주실래요? | What do you recommend here?
왓 두 유 레코멘드 히어

□ 스테이크를 어떻게 구워 드릴까요? | How would you like your steak?
하우 우 쥬 라익 유어 스테익

□ 살짝 익혀 주세요. | Rare, please.
래어, 플리즈

□ 이 요리로 하겠습니다. | I'll have this.
아일 해ㅂ 디스

>> 스테이크 굽기 정도
rare 살짝 익힌
medium-rare 약간 덜 익힌
medium 중간 익힌
medium well-done 거의 익힌
well-done 완전 익힌

□ 저도 같은 것으로 해 주세요. | I'll have the same.
아일 해ㅂ 더 세임

□ 이거 하나 더 주세요. | I'd like another of this.
아이ㄷ 라익 어나더 오브 디스

네이티브 표현

MP3. 29-2

Step 1 녹음 듣고 따라 읽으며 해석하기

- □ Are you ready to order?
- □ What is your special of the day?
- □ What is this like?
- □ Could you recommend something spicy?
- □ What can you serve us quickly?
- □ This and this, please. (» 메뉴판을 보고 가리키며 주문할 때)
- □ Make it two.
- □ Same too, please.
- □ What would you like for appetizer?
- □ Would you care for dessert?

Step 2 한글 뜻 보며 영어로 쓰기

□ 주문하시겠어요?

□ 오늘의 특선 요리는 뭐죠?

□ 이 음식은 어떤 거죠?

□ 매운 음식으로 추천해 주시겠어요?

□ 빨리 될 수 있는 것이 무엇입니까?

□ 이것과 이것으로 주세요.

□ 저도 같은 것으로 주세요.

□ 저도 같은 것으로 주세요.

□ 애피타이저로 무엇을 드시겠어요?

□ 디저트 하시겠습니까?

영어회화 트레이닝

MP3. 29-3

Step 1 한글 보며 나만의 영어로 말하기

케빈 에스더

1 케빈 손님, 무엇을 주문하시겠습니까?
2 에스더 메뉴판을 주시겠어요?
3 케빈 네, 여기 있습니다.
4 에스더 어디 보자. 스테이크를 주세요.
5 케빈 스테이크를 어떻게 익혀 드릴까요?
6 에스더 완전히 익혀 주세요.

Step 2 녹음 들으며 나만의 영어 확인하기

Step 3 녹음 듣고 소리 내어 따라하기 □□□

Kevin · Esther

1 Kevin: What would you like to order, ma'am?

2 Esther: Could I have a menu, please?

3 Kevin: Yes, here you are.

- here you are (물건을 건네줄 때) 여기 있습니다

4 Esther: Let me see.
I'd like a steak, please.

- let me see 글쎄, 어디 보자

5 Kevin: How would you like your steak?

6 Esther: Well-done, please.

맛집3

MP3. 30-1

UNIT 30 I enjoyed my meal.
잘 먹었습니다.

주문한 음식이 나오면, 이제는 즐길 차례입니다.
식사 후 계산도 해야 합니다.
이때 유용한, '맛집'과 관련한 표현을 익혀봅니다!

Bill, please.
Just a moment.

첫걸음 표현

□ 맛있게 먹었습니다. — I enjoyed my meal.
아이 인조이드 마이 밀

□ (맛이) 어때요? — How is it?
하우 이즈 잇

□ (맛이) 어때요? — How does it taste?
하우 더즈 잇 테이슷

□ 정말 맛있어요! — Tastes good!
테이슷ㅊ 굿

□ 음식들이 싱거워요.
The dishes taste flat.
더 디쉬ㅈ 테이슷 플랫

□ 이건 제가 주문한 게 아닌데요.
This isn't what I ordered.
디스 이즌ㅌ 왓 아이 오더ㄷ

□ 계산서 부탁합니다.
Bill, please.
빌, 플리즈

□ 계산서 좀 주시겠어요?
May I have the check, please?
메이 아이 해ㅂ 더 첵, 플리즈

□ 제가 낼게요.
I'll treat you.
아일 트리ㅊ 유

□ 제가 낼게요.
You are my guest.
유 아 마이 게슷

□ 제가 낼게요.
Please allow me to pay.
플리즈 얼라우 미 투 페이

□ 각자 냅시다.
Let's go Dutch.
렛ㅊ 고 덧취

» Dutch는 '네덜란드의'라는 뜻으로, 'Go Dutch'는 과거에 영국이 경쟁관계였던 네덜란드를 경멸하고자 '상대에 대한 배려나 대접을 찾아볼 수 없다'는 뜻으로 사용하기 시작해, 지금의 '비용을 각자 부담하다'라는 의미로 변했습니다.

□ 팁이 포함된 겁니까?
Is the tip included?
이즈 더 팁 인클루디ㄷ

» 음식점에서는 음식값의 15~20%, 호텔에서는 $1~2를 팁으로 주는 것이 보편적입니다.

□ 포장해 주세요.
To go, please.
투 고, 플리즈

네이티브 표현

MP3. 30-2

Step 1 녹음 듣고 따라 읽으며 해석하기

□ The dishes are very hot.

□ This soup has too much salt in it.

» sweet 달콤한/ spicy 매운/ salty 짠/ sour 신/ bitter 쓴

□ I made a good dinner of it.

□ I didn't order this.

□ This time, it's on me.

□ Let's split the bill.

□ Let's pay by separate checks.

□ Let's go fifty-fifty on the bill.

□ Does the bill include the service charge?

□ There's a mistake in the bill.

Step 2 한글 뜻 보며 영어로 쓰기

□ 음식이 너무 매워요.

□ 수프가 너무 짜요.

□ 식사를 맛있게 먹었습니다.

□ 이것을 주문하지 않았어요.

□ 이번에는 제가 내겠습니다.

□ 계산은 각자 하죠.

□ 계산은 각자 하죠.

□ 계산은 반반씩 부담합시다.

□ 계산서에 봉사료까지 포함되어 있습니까?

□ 계산에 착오가 있습니다.

영어회화 트레이닝

MP3. 30-3

Step 1 한글 보며 나만의 영어로 말하기

스칼렛 / 더스틴

1
스칼렛
다 괜찮으신가요?
음식 맛이 어땠습니까?
2
더스틴
아주 맛있었어요!
정말 잘 먹었습니다.
3
스칼렛
다른 것 필요하세요?
4
더스틴
아니요.
됐습니다, 고마워요.
계산서 좀 주시겠어요?
5
스칼렛
네. 여기 있습니다, 손님.
6
더스틴
수고하셨습니다.

Step 2 녹음 들으며 나만의 영어 확인하기

Step 3 녹음 듣고 소리 내어 따라하기 □□□

Scarlet ◯ Dustin

1 Scarlet

How's everything?
How did it taste?

2 Dustin

This was out of this world!
I really enjoyed my meal.

3 Scarlet

Can I get you anything else?

4 Dustin

Oh, no.
We're fine, thank you.
Could I have the check, please?

■ fine 더할 나위 없는

5 Scarlet

Sure.
Here you are, sir.

6 Dustin

I appreciate what you have done.

■ appreciate (사람의 호의를) 고맙게 생각하다

★★★

레전드 영어 시리즈

★★★

★★★

쉽고 재미있게 시작하는 영단어
왕초보도 필수 단어만 있으면 OK!

★★★

언제 어디서나 필요한 표현을 바로!
영어권 문화와 언어 정보 한가득!

★★★

생생한 뉴욕 사진과 함께 즐겁게!
뉴욕 가이드와 영어회화를 한번에

★★★

오늘부터 쉽게! 즐겁게! 만만하게!
다시 시작하는 **하루 3분 영어**

★★★

초급자도 한 권으로 쉽게 끝낸다!
자신 있는 영어를 위한 **말하기 영문법**